公司影响力

张义福 ◎ 著

云南科技出版社
·昆明·

图书在版编目（CIP）数据

公司影响力 / 张义福著 . -- 昆明：云南科技出版社 , 2025. 4. -- ISBN 978-7-5587-6049-5

Ⅰ . F272

中国国家版本馆 CIP 数据核字第 20259PX775 号

公司影响力
GONGSI YINGXIANGLI

张义福　著

责任编辑：叶佳林
特约编辑：郁海彤　刘明纯
封面设计：李东杰
责任校对：孙玮贤
责任印制：蒋丽芬

书　　号：	ISBN 978-7-5587-6049-5
印　　刷：	三河市燕春印务有限公司
开　　本：	710mm×1000mm　1/16
印　　张：	12
字　　数：	143千字
版　　次：	2025年4月第1版
印　　次：	2025年4月第1次印刷
定　　价：	59.00元

出版发行：云南科技出版社
地　　址：昆明市环城西路609号
电　　话：0871-64192752

版权所有　侵权必究

前言

在当今竞争激烈的市场环境中,提高公司在行业内的影响力、打造卓越的品牌形象及制定有效的发展战略,是公司持续发展的关键。为此,公司需采取一系列综合措施,以巩固市场地位,提高品牌影响力,并引领行业发展。

人才是公司最宝贵的资产与保贵财富。他们不仅是创新思维的源泉,还是塑造公司独特竞争力、推动公司跨越式发展的重要力量。在这个快速变化的时代,公司的影响力与人才队伍的素质、创新能力及执行力紧密相连。

团队是公司坚实的基石与活力源泉。一个高效且团结的团队,不仅能够迅速响应市场变化,灵活调整策略应对挑战,还能以卓越的执行力和创造力,推动公司不断突破自我,实现公司跨越式发展。

客户是公司的生命线。客户的信任与支持是公司持续发展、扩大影响力的关键所在。一家成功的公司,会始终将客户放在首位,深刻理解并满足客户的需求,通过提供卓越的产品与服务,赢得客户的信赖。客户的满意度通过口碑传播,不仅为公司带来了稳定的业务量,提高了市场份额,还在无形中塑造了公司的品牌形象,提高了行业地位。

公司文化是公司的灵魂与核心驱动力。它深刻地塑造了公司的价值观、行为准则和品牌形象,是公司独特魅力的源泉,也是公司影响力的一个重要体现。

目标是公司的灯塔与航向标。它指引着公司前进的方向，凝聚着全体员工的共识与力量，是展现公司影响力与愿景的核心要素。一个明确、长远且可落地的目标，能够激发公司的潜能与创造力，推动公司在激烈的市场竞争中脱颖而出，不断攀登新的高峰。

品牌是公司影响力的核心。公司应塑造独特且令人难忘的品牌形象。通过精心设计的品牌标志、清晰的品牌定位以及优质的产品和服务，确保品牌形象在所有营销渠道中得到充分展现。

创新变革是公司的活力源泉与核心竞争力。它不断推动公司突破传统束缚、引领行业潮流，从而使公司在全球市场中展现出独特而强大的影响力。

战略是公司的蓝图与指南针。它为公司规划了长远的发展方向与路径，是公司实现目标、扩大影响力的关键所在。一个明确、前瞻且可执行的战略，能够指引公司在复杂多变的市场环境中保持清醒的头脑与坚定的步伐，精准地抓住每一个发展机遇，有效地应对各种风险与挑战。

笔者相信，通过阅读本书，大家可以根据自己公司的实际情况，有针对性地借鉴书中的理念与方法，制订出符合自身发展需求的策略与行动计划，提高公司影响力。无论是加强团队建设、深化公司文化、明确战略目标，还是推动公司创新变革，书中都提供了许多实用的建议和丰富的案例，帮助读者在实践中不断探索与调整，逐步构建起健全的公司体系，最终，通过读者自身的不懈努力，实现公司影响力的显著提高，赢得更广阔的市场空间，获得更深远的社会价值。

目录

第一章 人才即优势，没有人才的公司很难做强做大 … 001

没有人才的公司很难做强做大 …………………………002
员工培训是留用新人的关键 …………………………004
留住核心人才的五个关键因素 …………………………005
成为"教练型"领导，赋能员工成长 …………………010
不同员工，不同的培养策略 …………………………013
把下属培养成"另一个大脑" …………………………017

第二章 打造超级团队，为公司发展提供原动力 ………020

充分授权，从内部发掘领导者 …………………………021
最好的管理，是能让团队打硬仗 …………………………025
中层敢扛雷，高层敢扛事 …………………………029
打造团队的共同愿景 …………………………032
为员工创造自我驱动的环境 …………………………036
打散团队中的小圈子 …………………………039
重"帮人"，轻"炒人" …………………………042

第三章　以客户为中心，公司才能有长远发展 …… 046

公司只有一个上司，就是客户 …… 047
想客户所想，增强客户信任 …… 049
以客户痛点为产品研发切入点 …… 054
以客户需求为导向的营销策略 …… 058
长期关注客户的利益，就是关注自己的利益 …… 061
客户的价值主张，决定了公司的价值主张 …… 063
每个痛点都隐藏着巨大的商机 …… 066

第四章　公司文化，促使公司持续成长的关键 …… 071

优秀的公司文化是公司的精神支柱 …… 072
公司文化不可或缺的"三要素" …… 075
从理念到行动，让公司文化落地生根 …… 078
取之于经营，服务于经营 …… 081
"双向奔赴"才能成就优秀的公司文化 …… 084

第五章　明确目标方向，强化团队执行力 …… 087

好目标能激发员工的行动力 …… 088
做好目标分解，明确执行计划 …… 091

公司目标与个人目标保持一致 ……………………093
在战略目标不变的情况下调整策略 ………………096
和团队成员讨论关键结果 …………………………098
目标太多等于没有目标 ……………………………101
运用SMART分析法，明确发展目标 ……………104
站在更高的视野，预见不确定性挑战 ……………108

第六章　品质铸就品牌，用心打造每一个产品 …………112

品质和诚信是品牌的核心 …………………………113
超级品牌就是超级符号 ……………………………116
会"讲"才会赢，让品牌说话 ……………………119
消费者变了，品牌概念也在变 ……………………121
品牌裂变，快速脱离同质化市场 …………………125
新生品牌借助裂变逆势翻盘 ………………………129
流量时代，如何拯救浪费的一半广告费 …………133
"互联网+"重构传统产品观 ……………………138

第七章　创新变革，才能顺应市场 ………………………140

创新是激烈市场竞争中的唯一生存之路 …………141
创新的本质是突破与改进 …………………………143

市场洞察是创新的源泉 …………………………………… 148
传统公司创新转型的七大变革 ………………………… 155
"互联网+"：连接虚拟与现实的商业变革 …………… 160
通过"免费"来创造价值 ………………………………… 162

第八章 定好战略，做好长远规划 …………………… 166

战略管理的四大特征 …………………………………… 167
掌控外因的"三大战略思维" ………………………… 170
修炼内在实力的"六大战略思维" …………………… 172
关键战略，领导要敢于拍板 …………………………… 174
时刻洞悉行业格局，拓宽发展眼界 …………………… 179

第一章

人才即优势,没有人才的公司很难做强做大

没有人才的公司很难做强做大

在当今这个快速变化、竞争激烈的商业环境中，一家公司想在市场中立足并不断发展壮大，人才的重要性不言而喻。无论其规模大小、行业属性，如果没有足够的人才支撑，都难以持续发展和壮大。

● 人才是公司创新的源泉

在知识经济时代，创新是公司发展的核心动力。而创新的实现，离不开高素质、有创造力的人才。这些人才不仅具备扎实的专业知识，还拥有敏锐的市场洞察力和独特的思维方式，能够为公司带来新的思路、新的方法和新的产品。没有这些人才，公司就会失去创新的活力，难以在市场竞争中保持优势。

● 人才是公司管理的基石

管理是一项复杂的系统工程，涉及战略规划、组织架构、流程优化、团队建设等多个方面。而这一切，都需要有高素质的管理人才来支撑。这些管理人才不仅要有深厚的理论功底，还要有丰富的实践经验，能够根据公司的实际情况，制定科学合理的管理制度和策略。没有这些管理人才，管理就会陷入混乱，无法形成有效的协同和执行力，从而降低公司的整体运营效率。

● 人才是公司文化的传承者

公司文化是公司的灵魂，也是公司发展的内在动力。而公司文化的传承和发扬，离不开广大员工的共同努力。其中，那些具有高尚品德、责任感和使命感的员工，更是公司文化传承的重要力量。他们通过自己的言行举止，将公司的价值观、使命和愿景传递给每一位新员工，使公司文化得以延续和发扬。没有这些人才，公司文化就会失去根基，公司也就难以形成强大的凝聚力和向心力。

● 人才是公司拓展市场的先锋

在市场竞争中，公司需要不断拓展新的市场、开发新的客户，以保持业务量的持续增长。而这一切，都需要有具备市场开拓能力的人才来支撑。这些人才不仅要有敏锐的市场洞察力，还要有良好的沟通能力和销售技巧，能够准确地把握客户需求，为客户提供优质的产品和服务。没有人才，公司就难以在市场中立足，更无法实现跨越式发展。

由此可见，没有人才的公司很难做强做大。因此，公司必须高度重视人才的培养和引进工作，建立完善的人才管理体系和激励机制，为人才提供广阔的发展空间和良好的工作环境。同时，公司还要注重员工的职业发展和培训提升，帮助员工实现个人价值与公司价值的双重提升。只有这样，公司才能在激烈的市场竞争中立于不败之地，实现持续稳健的发展。

员工培训是留用新人的关键

通用电气（GE）的前首席执行官杰克·韦尔奇是公认的现代公司管理大师。他曾说过这样一句话："激励和留住员工的另一个关键是培训。"韦尔奇认为，优秀的员工总是渴望学习和成长，他们不会满足于现状，而是不断追求进步。因此，公司为员工提供培训机会，其实是对他们的一种奖励和认可，能够激发员工的工作热情，提高员工对公司的忠诚度。

在当今竞争激烈的商业环境中，公司的人才战略显得尤为重要。新员工的招聘与留存，直接关系到公司的持续发展与创新能力。

员工培训不仅是传授新员工知识与技能，还是公司文化和价值观的传播过程。它能帮助新员工快速适应新环境，理解公司的使命、愿景及核心价值观，从而提高归属感和认同感。此外，有效培训还能激发新员工的潜能，促进其个人职业发展，为公司的长远发展奠定人才基础。

成功的员工培训应包含这几个关键方面：首先，公司文化与规章制度的学习。让新员工了解公司的历史、文化、行为规范，这是融入团队的基础。其次，岗位技能培训。根据新员工的岗位需求，提供必要的专业知识和技能的培训，确保他们能迅速胜任工作。再者，团队协作与沟通技巧培训。培养良好的团队合作精神和有效的沟通能力，促进团队和谐。最后，个人职业发展规划。帮助新员工明确职业目标、规划成长路径，增强其长期工作服务的意愿。

当然，个性化培训也非常重要。每位新员工的学习背景、工作经验和个人兴趣不同，因此，培训内容应尽可能因材施教，提供个性化学习方案，以满足不同员工的发展需求，提高培训的吸引力和有效性。

员工培训不能是一次性的活动，而是要持续贯穿公司的整个运营周期。公司应建立定期培训机制，结合员工成长阶段和业务需求，适时调整培训内容，确保员工技能与公司发展同步。同时，鼓励内部知识分享，利用老员工的经验传承，营造学习型组织氛围。

人力资源（HR）可以通过反馈机制确认培训效果。例如通过问卷调查、面谈、绩效考核等多种方式，HR 可以收集新员工对培训的反馈，及时调整培训策略，确保培训内容与形式贴近实际，真正服务于员工的成长和公司的发展。

有效的员工培训能够显著提高新员工的满意度和忠诚度，进而降低离职率。当新员工感受到公司对他们个人成长的重视，看到自己在公司中的未来价值时，他们更愿意长期贡献自己的力量。此外，良好的培训体系还能提高员工的自信心和工作效率，减少因技能不足导致的挫败感，进一步提高工作满意度和团队凝聚力。

留住核心人才的五个关键因素

如果将公司比喻成一辆疾驰的汽车，那么核心人才就是其强大的引擎。一旦这个引擎缺失，公司的市场竞争力必将严重受损。因此，作为公司的领航者，必须深刻认识到留住核心人才的重要性，确保他们能够在公司中持续发挥关键作用。

在如何留住人才的问题上,清代诗人龚自珍的诗句"我劝天公重抖擞,不拘一格降人才"同样富有启示:领导者应打破常规,不拘泥于传统框架,以开放的心态和创新的方式,为核心人才提供成长舞台,提高归属感。这意味着要摒弃陈旧的观念,勇于尝试新方法,灵活调整政策,确保公司环境能深深吸引那些对公司至关重要的人才,从而留住他们。

● 舍得给核心人才花钱

在华为创立之初,任正非就深刻认识到技术人才对于公司发展的重要性。他深知,在竞争激烈的科技领域,拥有顶尖的人才就意味着拥有了核心竞争力。因此,任正非在招聘人才方面总是不遗余力,不惜重金。

华为的团队在学术研究时发现了一位俄罗斯的年轻数学家,其研究成果在国际上享有盛誉。任正非得知后,立即决定要将这位数学家纳入麾下。为了聘请这位数学家,任正非开出了200万美元的年薪。这在当时无疑是一笔巨款,足以体现任正非对人才的渴望和重视。

此外,任正非还了解到这位数学家因家庭原因不愿离开俄罗斯。于是,他决定在俄罗斯开设研究所,让其可以在家乡工作,从而解决了其后顾之忧。

在任正非充满诚意的努力下,这位俄罗斯数学家最终被打动,同意加入华为并担任重要职位。数学家加入华为后,让华为在通信技术领域有了重大的突破。他带领团队成功研发出了新的算法技术，使华为通信设备的性能和成本在市场上具有了显著的优势。凭借这一技术突破，华为成功打开了欧洲市场，并逐渐成为电信设备领域的世界领导者。这一成就不仅为华为带来了巨大的商业利益，也提高了华为在国际上的知名度和影响力。

这个故事告诉我们，要想求得人才，不但要放下架子，更要拿出诚心。有诚心的一个重要表现就是要给予对方好的待遇，通俗来说，就是要舍得花钱。领导者要想吸纳优秀的人才，对人才进行必要的物质激励是非常重要的。

物质激励机制形式不一，通常包括高薪酬、高奖金、高分红等，具体措施可根据实际情况灵活采用。如果领导者利用好物质激励，力所能及地给予对方好的待遇，一定能打动对方，让人才愿意不远千里来投奔你。

● 不重资历重实力

为了进一步扩大市场份额，松下幸之助筹划在金泽市新建一个销售网点。鉴于公司内经验丰富的经理们均投身于各自繁忙的业务中无法抽身，松下幸之助决定起用一位虽然初入公司，但展现出非凡潜力的年轻人。他观察到，这位年轻人行事果断，且思维敏捷，颇具开拓精神。

于是，松下幸之助接见了这位年轻人，对他说道："公司决定在金泽市开设一个新的销售网点，我打算让你去负责那里的开拓工作。你对此有信心吗？"年轻人初闻此事，略显惊讶，毕竟自己加入公司时间不长。然而，当他迎上松下幸之助那充满信任的目光时，心中顿时涌起一股豪情，坚定地回答道："我有信心能够圆满完成任务！"

随后，这位年轻人迅速做好了充分的准备工作，便奔赴金泽市。在那里，他积极开展各项活动，仅用了不到一个月的时间，就成功建立了销售网点，并有条不紊地推进了后续的各项工作。

很多领导者受传统观念影响，在用人时，不自觉地以资历来衡量，采取"论资排辈"的用人模式。殊不知这样做很容易让那些有能力的人才因不被提拔、重用而离开，给公司造成了巨大损失。

显然，"论资排辈"的传统用人模式已经落后，它降低了公司的市场竞争力。市场的竞争，归根结底，是人才的竞争。在竞争如此激烈的环境下，公司必须摒弃"论资排辈"的观念，转而重视个人的能力和实力，勇于打破常规，提拔有能力的人。这样做不仅有助于吸引外部优秀人才加入，也为内部有识之士提供了施展才华的舞台。如此，才能有效激发人才的积极性、主动性和创造性，为公司的持续发展注入强劲动力，使公司焕发新的生机与活力。

● 任用比自己强的人

据历史记载，周武王在继承文王遗志后，深知要推翻强大的商朝，仅凭自身力量远远不够，必须依靠贤能之士的辅佐。于是，他尊奉姜太公为国师，对其言听计从，委以重任。姜太公以其卓越的军事才能和深远的战略眼光，为周武王谋划了一系列军事行动，最终成功推翻了商朝，建立了周朝。

在这个案例中，周武王展现出了非凡的领导智慧。他并没有因为姜太公的能力超过自己而感到嫉妒或不安，反而虚心求教，将国家大事托付给比自己更强大的人。这种敢于任用比自己强的人的勇气和胸怀，正是他能够成就大业的关键所在。

很多领导担心任用比自己强的人会危及自己的地位和威望，实际上这种担心是没有必要的。虽然下属可能在某方面的才能超过自己，但人各有所长。领导之所以是领导，主要是其有综合管理能力和大局观。反之，如果领导者能做到敢于任用比自己强的人，不仅能让自己获得美名，还能赢得他人的信服和尊重。

● **任人唯贤**

据《吕氏春秋》记载，春秋时期晋国大夫祁奚，以国家利益为重，公正无私地推荐人才。

晋平公曾问祁奚谁适合任南阳令，他推荐了自己的仇人解狐。当晋平公又问谁适合担任军事统帅时，他推荐了自己的儿子祁午。

祁奚用能否胜任为标准来举荐人才，而不考虑对方与自己的亲疏远近，这种以国家社稷为重、毫无偏私的做法，赢得人们的赞誉。

● **敢于任用"逆才"**

史蒂夫·乔布斯和史蒂夫·沃兹尼亚克是苹果公司的联合创始人。沃兹尼亚克是技术天才，而乔布斯则以其独特的商业眼光和领导能力著称。在苹果公司的早期发展中，沃兹尼亚克常常提出与乔布斯不同的技术方案。尽管乔布斯有时会对沃兹尼亚克的想法表示质疑和反对，但他始终尊重沃兹尼亚克的意见，并鼓励他大胆创新。

沃兹尼亚克的技术创新为苹果公司带来了许多突破性的产品，如 Apple Ⅰ 和 Apple Ⅱ。而乔布斯的商业策略则使这些产品得以成功推向市场，实现了商业上的巨大成功。

乔布斯与沃兹尼亚克的携手合作，生动诠释了领导者在推动公司创新与发展的过程中，敢于任用并尊重那些拥有独特见解与非凡才华的"逆才"的重要性。他们之间的合作不仅打破了常规思维的束缚，更激发出前所未有的创造力，有力地证明了接纳不同声音、融合多元智慧对于促进公司持续进步与革新的重要性。

作为领导者，应当具体问题具体分析，对于他人提出的不同意见，只要其基于事实，有利于工作的改进和事业的发展，即便言辞尖锐，也应耐心倾听、虚心接纳。对于敢于提出意见的人才，应大胆任用，让他们充分发挥作用。

成为"教练型"领导，赋能员工成长

在当今复杂多变的市场环境中，领导者的角色不再仅仅是决策者或执行者，更是一位导师和赋能者。"教练型"领导作为一种新兴的领导风格，正逐渐成为公司提高竞争力和促进员工成长的关键。

"教练型"领导与传统领导不同。传统领导更侧重于发挥员工的优势，帮助他们厘清目标，实现个人成长。"教练型"领导则认为，每个人都是独一无二的，都有无限的潜能等待被挖掘。领导者的任务是创造一个支持性的环境，让员工能够自由发挥，勇敢追求自己的目标。

● **"教练型"领导的关键技能**

（1）深度聆听

深度聆听是"教练型"领导最基础、最重要的技能之一。聆听不仅仅是听到员工的话，更是要理解他们背后的情绪、需求和期待。通过深度聆听，领导者可以让员工感受到被尊重、被理解，从而建立起信任的基础。这种信任是员工愿意开放心扉、接受指导和赋能的前提。

（2）有力提问

有力提问是"教练型"领导启发员工思考、迅速解决问题的关键，包括开放式提问和未来导向型提问两种。其中，开放式提问能够引导员工深入思考，自行找到解决方案；而未来导向型提问则关注员工的未来行动和成果，帮助他们设定目标并规划路径。通过有力提问，领导者可以激发员工的潜能，让他们在实践中不断成长。

（3）有效反馈

有效反馈是"教练型"领导促进行动从而获得成果的重要手段。当下属表现出色时，及时给予积极的反馈，可以让他们感受到被认可和鼓励，从而更加努力地工作；同时，针对员工的不足之处，提供建设性的意见和建议，帮助他们改进和提升。有效反馈不仅关注结果，更关注过程，旨在促进员工的持续成长。

● **"教练型"领导的实践工具**

（1）GROW 模型

GROW 模型是"教练型"领导常用的增强自我认知、促进发展的工具。它包括设定目标（Goal）、了解现状（Reality）、探索方案（Options）和采取行动（Way Forward）四个步骤。通过 GROW 模型，领导者可以帮助员工明确目标、分析现状、制订计划并付诸行动，从而实现个人成长，促进职业发展。

（2）欣赏式探询

欣赏式探询是一种聚焦于目标而非问题的领导方式。它通过对过去成功事件的探询，发现员工的优点和潜力，并以此为基础设定未来的梦想和目标。欣赏式探询有助于增强员工的自信心，提高员工的归属感，激励他们为实现共同目标而努力奋斗。

（3）逻辑思维层次

逻辑思维层次是"教练型"领导帮助员工提高解决问题能力的有效工具。它将人的思维分为环境层、行为层、能力层、信念/价值观层、身份层和愿景层六个层次。通过引导员工从低层次思维向高层次思维转变，领导者可以帮助他们打开更广阔的视野，找到更有效的解决方法。

● 成为"教练型"领导的实践路径

（1）转变思维方式

成为"教练型"领导的第一步是转变思维方式。领导者需要摒弃传统的监督者、考核者角色，转变为支持者、引导者和赋能者。这意味着领导者要关注员工的成长和发展，而不是只关注任务的完成和业绩的提高。

（2）提升"教练"技能

成为"教练型"领导需要不断提升自己的"教练"技能。这包括深度聆听、有力提问、有效反馈等方面。通过不断学习和实践，领导者可以逐渐培养这些技能，并能够在实际工作中灵活运用。

（3）营造支持性环境

成为"教练型"领导还需要营造一个支持性的环境。这包括建立开放、包容的公司文化，鼓励员工表达自己的想法和意见；提供必要的资源和支持，帮助员工实现个人成长和职业发展；关注员工的心理健康，确保他们能够在轻松愉快的氛围中工作。

不同员工，不同的培养策略

每一家成功的公司背后，都站立着一支卓越的团队，无论是阿里巴巴初创时的"十八罗汉"团队、腾讯的"五虎上将"，还是携程的四位创始人。无论你身处职场的哪个层级，作为主管、经理或更高级别的管理者，掌握有效的团队管理技巧，都能让你的事业之路走得更远。

我们经常会听到这样一句振聋发聩的警言：团队表现不佳，往往源于领导者的管理不当，而非团队本身的问题。

那么，如何才能有效管理团队成员，带领团队走向成功呢？关键在于对不同的员工要有不同的培养策略。

● 面对能力出众但意愿不足的员工，采用"联盟策略"

张迪在一家公司经过两年努力，被提拔为团队负责人。团队中有一位资深同事赵成，曾是张迪的导师，对张迪有知遇之恩。然而，赵成对张迪成为自己的领导感到不适，开始表现出消极态度。

张迪首先私下与赵成沟通，诚恳地表达了对他的尊重和感激，强调团队需要赵成的专业知识和经验。在随后的部门会议上，张迪公开肯定了赵成的贡献，并提议让他负责一项重要业务，以充分发挥其专长。张迪还鼓励赵成参与团队决策，增强他的归属感和责任感。通过一系列措施，赵成逐渐恢复了工作热情，他与张迪两人形成了良好的工作联盟。

管理者通过"联盟策略"，包括情感联结、公开认可和兴趣激发，有效激发了能力强但意愿低的员工的工作热情和参与度，提高了团队效能。

● 对于能力与意愿都较低的员工，应采取"直接策略"

在一家名为"未来智联"的快速发展的科技公司里，市场部如同一台高速运转的机器，每个部件都紧密相连，共同推动着公司向前跃进。然而，有一个名叫李明的员工，似乎总是难以跟上团队的步伐。他自加入市场部以来，就一直在努力适应快节奏的工作环境。但随着时间的推移，他的工作能力并未如预期般迅速提高，反而在面对额外任务时，常常显得手足无措，甚至开始频繁地推脱。

这一切，都没有逃过公司管理层敏锐的眼睛。在一次例会上，市场部经理张总提出了一个既能帮助李明克服障碍，又能保持团队效率的解决方案——将他调配到一个相对基础但同样重要的工作岗位。

这个新岗位，是市场部负责数据整理与分析的岗位。相比之前需要频繁与客户沟通、策划营销活动的任务，数据整理与分析更适合李明细致、耐心的性格特点。在这里，他只需要专注于数据的收集、整理和分析，就能为团队提供准确的市场信息支持。

调岗后，李明感受到了前所未有的轻松和自在，工作效率也得到了明显的提高。

管理者常常希望下属经过辅导与培训，就能做好当前的本职工作，但显然有些事情不是这么简单的。管理者要采取"直接策略"，否则你钱也花了，精力也付出了，但效果就是不好。

不要想着把一个人的状态从你不满意变成让你满意，因为意愿并不是那么容易被激发出来的，培训不是"万能药"，何况在职场上任何人都讲究时间投入与机会的产出比，作为团队领导者的你，更是要把时间和精力花在刀刃上才行。

所以，面对这种人，不要奢求把他培养成你期望的样子，反而要从一开始就明确告知此人，"我对你要求不高，完成基本的工作就好，60分及格就行"。但这类员工主动做事的意愿不强，所以在布置工作后，不要放手不管，而要将工作细分，在工作监督上要紧、要细，当他稍有点成绩便给予肯定，这样便于他更有动力去继续工作。

● 面对意愿高涨但能力有限的员工，应采用"怀柔策略"

在一家广告公司，孙娇作为新加入的文案策划，满腔热情却经验不足。她想要创作出能引爆市场的文案，但初稿往往缺乏深度与创意。主管赵经理注意到这一点，决定亲自指导，为孙娇制订学习计划，包括市场分析、优秀案例研究及创意写作工作坊。通过实战演练，孙娇逐渐掌握文案精髓，从模仿到创新，进步显著。一次紧急项目，孙娇独立完成的文案不仅贴合客户需求，更巧妙融入热点，赢得客户高度评价。张经理的认可与团队的鼓励，让孙娇信心倍增，在文案策划的道路上越走越顺畅。

新入职的年轻员工，他们充满朝气，渴望干出一番事业。作为领导者，我们应像师傅带徒弟一样，耐心指导。当他们犯错时，应采用"启发式"谈话，引导他们反思并改进。在这个过程中，要不断肯定和鼓励他们，以事实为依据进行复盘，这样他们才能更容易采纳你的建议。

● 对于能力与意愿都高的员工，应采用"激将策略"

李华是公司研发部的一名杰出工程师，工作积极性很高。为激发其更大潜能，项目经理张强决定采用激将法。在一次项目研讨会上，张强公开提出一个极具挑战性的技术难题，并直言不讳地说团队中无人能解。李华听后，斗志瞬间被点燃，主动请缨接受挑战。接下来的几周里，他夜以继日地钻研，最终不仅成功攻克难题，还优化了原有方案。张强在项目总结会上对李华大加赞赏，李华也因此获得了晋升。

拥有这样的员工，无疑是团队的幸运。然而，这也意味着领导者需要具备更高的驾驭能力。管理者要明确对他们的期望，同时注意资源分配的公平性和合理性，做好梯队建设，避免将所有希望和资源集中在一个人身上。

把下属培养成"另一个大脑"

古语有云:"甘居人下者鲜。"意思就是说,甘心屈居人下的人极少。尽管领导无法完全决定下属的成长路径,但其引导方式无疑会在某种程度上影响下属的思考模式。在得到领导的赏识、培养与提拔过程中,下属往往会不自觉地调整自己,以适应领导的风格,这种影响是潜移默化且深远的。

此时,领导的格局便显得尤为重要。领导是期望下属仅作为执行任务的"手脚",还是希望他们成长为能独当一面的"大脑",尽管最终结果非领导所能完全掌控,但这一过程中的引导与培养方式却大相径庭,对下属的发展产生着截然不同的影响。

格局大的领导者,从不担忧下属会追赶自己。因为他们知道,下属能追赶的,永远只是自己过去的影子。随着自身的不断进步,他们更看重的是团队能力的整体提升。这类领导乐于倾囊相授,因为他们明白,强大的下属是前行路上的宝贵助力。他们始终向前看、向远看,无暇顾及身后的琐事。下属的成长与强大,只会让他们感到欣慰与自豪。

格局小的领导者,则害怕下属变得太强,担心自己被超越。他们往往停滞不前,希望下属永远成为自己的附属品。这种领导方式下,下属被束缚为"手脚",领导则自诩为"大脑"。然而,这种格局不仅限制了下属的发展,也阻碍了团队的整体发展。当能干的下属寻求更好的机会时，这种领导方式往往会导致双方不愉快。

● 成为领导"手脚"的培养方式

（1）紧握核心，强化执行

在职场中，权责关系至关重要。然而，一些领导却将权力紧握手中，将责任推给下属。他们一味强调执行力，却忽视了下属的独立思考能力。在这种培养方式下，下属只能成为领导的"手脚"，而无法成为真正的团队支柱。

（2）强调忠诚，排斥自主

部分领导在培养下属时，过分强调忠诚与服从。他们要求下属严格按照自己的意图行事，容不得半点偏差。这种培养方式不仅限制了下属的创造力，也导致了团队中一言堂现象的出现。

（3）拘泥于细节，忽视大局

细节虽重要，但过分拘泥于细节就会忽略大局。一些领导在培养下属时，过分强调细节，却忽略了整体目标的实现。在这种培养方式下，下属往往被束缚在琐碎的事务中，无法施展自己的才华。

● 成为另一个"大脑"的培养方式

（1）信息共享，激发主动性

优秀的领导者懂得减少信息差，与下属共享关键信息。他们给予下属主动思考的空间，让其在实践中成长。在这种培养方式下，下属不仅提高了独立思考的能力，也学会了如何独立解决问题。

（2）合作共赢，促进发展

上下级之间虽是隶属关系，但更是合作关系。有格局的领导懂得与下属合作共赢，让下属在承担责任的同时也能获得成长。他们明白，下属的强大是团队整体实力的提升，也是自己管理能力的体现。

（3）把控全局，灵活管理

作为领导，应把控全局，让下属在可控范围内自由发挥，注重结果导向，不过分拘泥于过程。在这种培养方式下，下属的积极性和创造性得到了充分激发，团队的整体效率也显著提高。

第二章

打造超级团队,为公司发展提供原动力

充分授权，从内部发掘领导者

优秀的领导者绝不能陷入"自身疲于奔命，下属无所事事"的状况。一家公司的老总曾分享其领导心得："在我担任领导角色的岁月里，一条至关重要的经验是切勿独断专行，而应精心选拔人才，予以聘用，并大胆授权，使他们能自主决策，对他们的行为与结果承担最终责任。"

授权不仅是推动公司前进的必然要求，也是领导者展现个人魅力、赢得团队拥戴的重要途径。正如古人所言："躬亲细务则难以委贤，不委贤则众贤离散。"那些倾向于凡事亲力亲为的领导者，往往难以充分信任并任用贤能之士，结果便是错失那些才华横溢的人，严重阻碍了自身及组织的成长与发展。

领导者应该学会"抓大放小"，不要只专注于日常事务。对于那些可以交由下属完成的事，一定要果断授权，给他们发挥才干的空间，激发他们的工作积极性和潜力，为公司发展提供活力。

在一次盛大酒宴上，刘邦端坐高堂，面带微笑，向围坐四周的众大臣抛出了一个深刻的问题："为什么我能夺得天下，而项羽却最终失去了天下？"

开国功臣王陵缓缓道出了自己的看法："您之所以能得天下，是因为每当有人攻取城池、开拓疆土后，您总是慷慨地将这些土地赐予有功之臣；反观项羽，却往往对功臣心生猜忌，甚至痛下杀手，对有才能的人也总是满腹狐疑，难以信任。"

刘邦听后，微微点头，眼中闪过一丝赞许。随即，他亲自补充了更为关键的一点："我之所以能够成就霸业，关键在于懂得识人善用，更懂得如何授权。"

随后他逐一列举了身边的三位豪杰——张良、萧何、韩信，在刘邦的授权下，他们各自发挥了重要的作用。张良，那位运筹帷幄之中、决胜千里之外的智者，被刘邦赋予了在大帐内策划战略的重任；萧何，一位深谙治国之道的能臣，则肩负起平定后方、安抚民心、确保军需物资充足的重任；而韩信，那位用兵如神的战将，则被授权统率大军、攻城略地。

刘邦的这番授权，不仅让每位豪杰都能在自己最擅长的领域大放异彩，还在团队中营造出了一种信任与合作的氛围。每个人都知道自己的职责所在，也清楚刘邦对他们的信任与期待。正是这样的授权机制，使得刘邦的团队能够高效运转，最终汇聚成一股不可阻挡的力量，帮助他成就了千秋霸业。

这个案例不仅展现了刘邦作为古代领导者的卓越智慧，也说明了授权在团队建设与领导力发挥中的重要性。通过合理的授权，刘邦不仅激发了团队成员的潜能，更实现了团队效能的最大化，给后世留下了宝贵的启示。

很多领导者认为自己不授权给下属是有原因的，比如，担心下属把事情搞砸，担心下属分散自己的权力，不愿承担授权有误的风险，担心失去对任务的控制……

这些理由表面看起来很正常，但他们却忽略了不授权的负面影响。更严重的是，这些负面影响是不会自行消失的，只要不授权，它们就永远存在。

当然，授权也不能盲目，不是随便地指派某个人负责某项任务，而是要遵循一定的规则和技巧。这样才能实现有效授权，并让授权起到激励的作用。可通过下面五步完成有效授权：

第一步：分清大小权力。

从涉及的范围来看，事关全局的权力即为大权；从权限的角度来看，下属无法处理决定，必须由领导决定的权力也是大权；从权力的性质来看，权力可分为决策权、运行权和执行权。很显然，对于一个组织而言，最重要的是决策，因此决策权属于大权。运行权中带有垄断性的权力具有"不可替代性"，也属于大权。执行权是一种关于一般操作的权力，通常属于小权。

第二步：细分责任。

这是授权的第一步，也是最基础、最重要的环节。这个环节的目的是让受权者明确这次授权的既定目标，明确授权涉及的范围和程度，以及目标完成后检验的标准。

第三步：授予权力。

指的是授予受权者完成此次任务的权力。授权者和受权者要进行当面的沟通，以便就某些问题达成共识，促进授权的顺利进行。

第四步：检查和追踪。

授权应该是一个密切的、封闭的系统。在细分责任、授权之后，还要对授权所要求完成的事务进行检查和追踪，以便掌握进度和完成情况。

第五步：结束评估。

任务完成后，要对所完成的任务进行评估。这是授权的最后一个环节，很多时候，总结比结果更重要，阶段性的授权总结可以帮助你在下次授权时做得更好。

在授权过程中，领导者需精准把握授权的"度"，以避免过度干预或授权不足，确保授权的有效性。授权后不应横加干涉、越级指挥，也不应事无巨细、事必躬亲，这些行为都将削弱授权的实际效果，构成假授权。此外，缺乏正式的授权制度和文件同样会妨碍授权的有效性。

选择合适的授权对象至关重要。错误地将权力授予不合适的下属，会导致授权效果事倍功半，甚至失败。因此，领导者在授权前必须审慎地考虑，确保授权对象具备完成任务所需的能力和责任心。

领导者应专注于那些他人无法承担或不适宜承担的任务，将那些别人可以做、能够做、应该做的事情放手交给下属。通过抓大放小、做自己应该做的事情，领导者就能成为团队的核心，赢得团队成员的认同和尊重，进而提高团队的凝聚力和向心力。反之，若领导者事无巨细、亲力亲为，将导致团队失去中心、团队成员缺乏方向感，进而影响团队的士气和效率。

在快速变化的工作环境中，领导者职位的变动（如升迁、让位、离职、退休）已成为常态。因此，组织必须构建健全的领导者培养机制，确保关键角色时刻都有合适的人选接替，以维持公司的持续健康发展。这不仅是对组织未来的投资，也是对现有团队成员负责的表现。

最好的管理，是能让团队打硬仗

管理不仅仅意味着占据一个高高在上的职位，还要具备一种能够激励团队并肩作战、共同冲锋陷阵的领导力。一位优秀的管理者不仅要会"指挥"，还要具备带领团队打硬仗的能力。想让团队在关键时刻冲得上去、顶得住，就必须在日常的管理中做好准备。打硬仗，不但考验个人能力，更考验团队的凝聚力、执行力与抗压能力。

● 真正的管理，不是管，而是理

很多管理者喜欢管人、管流程、管细节、管时间。这种方式往往让员工感到束缚，缺乏主动性。真正的管理是帮助员工理清方向、理清思路，而并非事无巨细地盯着他们。团队打硬仗，首先要有清晰的目标和明确的方向。

> 华为早期在拓展国际市场时，面临着巨大的竞争压力。但即便如此，任正非也没有一味地去"管"每个员工的具体任务，而是通过不断激励员工、调动团队潜力，让大家形成了一个共同的目标：国际市场必须拿下。这种目标感与方向性，让团队在巨大压力下保持了高昂的斗志。经过不懈的努力，华为成功地在国际市场上站稳脚跟。

管理者的职责，是让团队在面对困难时能冷静应对、步步为营，不迷茫、不乱阵脚。团队打硬仗，靠的不是一个人的智慧，而是整个团队的协作。

● 懂得培养"平时多流汗，战时少流血"精神的人

所谓"平时多流汗，战时少流血"，就是说平时的准备和练兵至关重要。没有平时的积累，团队在关键时刻很难顶得住压力。优秀的管理者懂得利用日常工作，不断锻炼团队的应变能力和执行能力。

> 某互联网公司推出一款 App，但上线前两天，系统突然崩溃，问题接踵而至。这个时候，公司的首席技术官（CTO）并没有惊慌失措，而是迅速组建团队，分工明确，紧急进行了修复工作，短短几个小时就找出并修复了系统漏洞。大家问他为什么能应对如此复杂的状况，他的回答很简单："平时我们遇到的小问题比较多，每次解决小问题，就是在为解决这种大问题做准备。"

平时遇到问题，不要担心犯错，而是要从每次的错误中总结经验。通过不断地磨炼，团队成员在面对真正的危机时，才能够保持冷静、快速反应。管理者的工作不是包揽所有问题，而是培养团队独立解决问题的能力。

● 信任，是团队战斗力的源泉

没有信任，团队成员之间容易互相猜忌，领导和员工之间也会产生隔阂。信任不仅仅是管理者对员工的信任，还包括员工对领导的信任，以及团队成员彼此之间的信任。

> 系统领导力专家丹尼尔·皮诺曾说过："作为一个领导，员工都在看着你。创造信任的环境，非常重要的一点是要有一个

公平的环境,不能说偏向于哪个员工,要大家平等。"皮诺强调了领导者在创造信任环境中的作用,认为领导者应公平对待员工,以建立公正、平等的信任关系。

团队打硬仗时,大家可能会面对前所未有的挑战和压力,如果缺乏信任,就很难在关键时刻凝聚团队力量。管理者必须在平时的工作中,注重建立信任氛围,让每个成员都感受到自己是团队中的重要一员。

● 管理者是团队的"领头羊",但不是唯一的主角

在打硬仗的时候,管理者要起到带头作用,但不是说所有问题都要自己解决。有时,管理者过度干预反而会让团队失去自主性,变得依赖领导。优秀的管理者,能培养出更多的"战斗英雄",让团队成员自己也成为解决问题的主角。

> 京东的刘强东曾在内部强调:"领导者要退后一步,把机会让给团队,让他们去解决问题。"他讲了一个自己的经历,早期京东面临供应链问题时,作为领导,他并没有亲自上阵,而是鼓励团队自主解决。团队成员不仅没让他失望,还提出了超出预期的解决方案。刘强东说:"让他们上战场,你会发现每个人都有不小的战斗力。"

如果一个管理者总是事必躬亲、亲自上阵,反而会剥夺团队成长的机会。管理的本质,是激发团队的潜力,而不是剥夺他们的机会。让每个成员都有机会成为"英雄",不仅能提高团队的战斗力,也能增强团队的凝聚力。

● 在关键时刻给予支持，而不是制造压力

团队在面对重大挑战时，往往压力倍增。管理者如果再过度施压，反而会让员工不堪重负。此时，管理者的角色更像是一个支持者，而不是一味施加压力的"老板"。

> 微软的萨提亚·纳德拉在带领公司经历数字转型的过程中，面临着巨大的市场竞争压力。当团队面对技术难题时，他没有一味要求团队"必须解决"，而是给予他们足够的支持和资源。纳德拉鼓励团队在失败中找到成功的路径，给予他们足够的信心和耐心。最终在团队的协作下，微软成功实现了转型。

在打硬仗的过程中，团队难免会遇到挫折和失败。如果管理者此时能站出来给予团队足够的支持和信任，团队就能在压力中快速调整状态，找到解决问题的办法。

● 管理者的远见，让团队在困难中看到机会

打硬仗时，团队往往会被眼前的困难所困扰，看不到更长远的机会。管理者的一个重要职责，就是帮助团队在逆境中找到机会，在危机中看到成长的可能。

> 当年海底捞在扩展海外市场时，遇到了极大的文化差异和经营挑战。很多团队成员开始对未来感到迷茫，不知道该如何是好。而创始人张勇则告诉团队："越是困难的时候，越是机会来临的时刻。"他带领团队调整策略，适应海外市场，最终成功打开了国际市场的大门。

管理者要有远见，不仅要能看到眼前的问题，还要看到问题背

后的机会。团队在打硬仗的过程中，难免会遇到挫折和压力，管理者如果能够帮助团队看到更长远的目标，就能让大家在逆境中保持信心，最终找到成功的突破口。

中层敢扛雷，高层敢扛事

中层管理者是公司执行链条的核心，是公司战略落地的执行者。日常运营中，很多问题和突发情况首先会出现在中层管理者的职责范围内，他们不仅要具备解决问题的能力和勇气，还要具备敏捷的应变能力。

2017年，著名火锅品牌海底捞的一家门店被曝出后厨卫生问题。事件引发了广泛关注，甚至有人在网上质疑海底捞的卫生管理水平能否与服务质量相匹配。

面对这一突发危机，海底捞的中层管理团队立即行动起来。他们迅速召开紧急会议，立即整改门店后厨，采取了一系列补救措施：全面公开卫生检查，邀请消费者监督，并在社交媒体上积极回应公众的质疑。这一连串快速反应有效遏制了事态的扩大。

最终，海底捞不仅保住了品牌形象，还通过真诚的道歉和切实的行动赢得了顾客的信任。这就是典型的"中层扛雷"，面对问题时中层管理者敢于担当、果断解决，避免问题继续发酵。

中层扛雷，反应速度是制胜关键，只有果断解决问题，才能把风险控制在最小范围。中层扛雷既是责任也是能力，敢于担当，才能迅速解决问题，保护公司利益。

● 中层扛雷的核心能力

（1）对突发问题做出及时反应，不能拖延等待。公司运营中，很多问题若不及时解决，往往会带来更大的麻烦。

（2）面对不同的情况，中层管理者需要具备应变能力，能够迅速找到应对措施，并根据现场情况调整决策。

（3）中层管理者不仅要敢于直面问题，还需要拥有强大的执行力，快速将解决方案付诸行动，确保问题在最短的时间内得到处理。

相比中层管理者，高层管理者更多的是承担公司的全局责任。他们的职责不仅限于日常事务，还要对整个公司的方向、决策和生存负责。在重大危机和公司发展关键点，高层管理者的担当和决策能力至关重要。

> 2016年，三星发布的Note7手机因电池问题多次发生自燃事故。起初，公司试图通过局部召回和维修的方式解决问题，但事态发展远远超出预期，全球范围内的负面报道铺天盖地，公司形象一度面临巨大危机。
>
> 面对严重的产品安全隐患和公众的强烈反应，三星高层最终决定进行全球召回并彻底停产Note7。这一决策使公司遭受了巨大的经济损失，但三星高层敢于承担责任的果断行动最终挽救了公司的声誉，并向市场传递了一个明确的信息：消费者安全和公司诚信高于一切。

高层扛事，不仅要有承担失败的勇气，还要有保全公司信誉的智慧。公司能否长期生存，常常取决于高层是否有这一份果断和担当。高层扛事，关乎公司的全局。面对重大问题时，果断采取行动才能保全公司的长远利益。

● 高层扛事的核心能力

（1）战略眼光

高层管理者必须具备长远的战略眼光，能在应对危机时看到公司的未来，避免为了短期利益而牺牲长期发展。

（2）勇于承担责任

在面对重大决策失误或外部危机时，高层管理者需要有勇气站出来承担责任，不能将问题推给下属或外界。

（3）决策能力

高层的决策不仅关乎当下的危机处理，还影响公司的未来走向。因此，果断而正确的决策力是高层管理者扛事的关键。

> 2016年，因供应链管理问题，小米手机一度面临大规模断货，导致部分用户对品牌产生了不满。中层管理者在问题发生后，第一时间协调各地的库存，并迅速联系上游供应商，试图在最短时间内解决缺货问题。与此同时，公司高层则从战略层面介入，重新审视供应链体系，推动公司与多家核心供应商达成长期合作，确保未来不会再出现类似问题。

中层与高层管理者各司其职，但两者的配合和协同是公司应对危机和日常运作的重要保障。中层扛雷是保障公司日常运转的基础，高层扛事则为公司的长远发展保驾护航。

"中层敢扛雷，高层敢扛事"这句话背后，是公司管理中责任分工的真实写照。中层管理者负责解决一线问题,他们的执行力和反应速度直接影响公司的日常运作。而高层管理者则需要站在全局高度,面对重大问题时敢于决策、敢于承担责任,确保公司的长远利益。

打造团队的共同愿景

团队力量的增长不仅在于成员数量的增加,更在于每位成员能否朝着同一目标努力。实现这一点的关键在于团队拥有明确的共同愿景。共同愿景不仅意味着目标的统一,还代表了每个成员的坚定信念。它将个人目标与团队目标相结合,激发成员的内在动力,使他们为实现愿景而不断努力。

共同愿景是团队成员普遍认可并愿意为之奋斗的理想和方向。一旦团队成员具备共同愿景,团队的目标就不再是某位领导者或少数人的构想,而是所有成员的共同追求。这种追求能够激发成员的内在动力,赋予他们持续前行的动力。共同愿景是一个情感上的纽带,将每个成员紧密联系在一起,让他们在面对挑战时团结一致,共同克服困难。

共同愿景不仅仅是一种目标,它更是一种信念、一种使命感。它使团队成员从内心深处理解他们工作的意义,知道自己为什么而努力。愿景的力量在于它能引导团队成员超越个人利益,为更高的目标而奋斗。

苹果公司之所以能成为全球最成功的科技公司之一,一个重要原因是其强大的团队共同愿景。在苹果创办的初期,史蒂夫·乔布斯致力于创造"能够改变世界的计算机"。他不仅将这一理念视为个人愿望，还努力将其转化为整个团队的共同信仰。乔布斯不断向团队灌输"让科技触手可及"的理念，强调苹果产品必须以人为本，让每一位普通用户都能轻松使用。

这一愿景极大地激励了苹果的工程师和设计师们，他们不仅仅是为了完成任务，更是为了实现改变世界的目标。因此，他们全身心地投入产品的设计和开发中，不断打磨细节。这种共同愿景造就了苹果产品的简洁、易用和美观的特点。

乔布斯的愿景不仅激励了苹果的内部员工，也深深影响了外部的合作伙伴和供应链。每个参与者都被这个宏大的目标所感染，愿意为实现这个愿景而贡献自己的力量。

苹果公司的成功，归根结底，得益于其深入人心、贯穿全员的共同愿景。在这一愿景的引领下，每位成员都能清晰地认识到自己在实现这一宏伟蓝图中的独特角色与宝贵价值。卓越的产品，不仅仅是技术的简单累积，更是源自团队对共同梦想的执着追求。

星巴克的愿景是"为人们创造归属感"。这一愿景不仅面向顾客，也是对员工的承诺。星巴克希望每位员工都能感受到自己是团队的重要一员，为顾客提供的不仅仅是咖啡，还是一种温暖的体验。

霍华德·舒尔茨深知，一个成功的品牌需要员工对愿景的高度认同。他鼓励员工通过咖啡和服务与顾客建立联系，通过服务让顾客感受到"家一般"的体验。因此，星巴克的员工不仅是服务者，更是社区的一部分。这种共同愿景不仅塑造了星巴克独特的文化，还使其在全球范围内积累了忠实的顾客群体。

星巴克还通过具体的行动来强化这一共同愿景。例如，星巴克提供良好的员工福利，让员工感受到公司的关怀。这种关怀不仅增强了员工的归属感，也使他们更愿意为顾客提供优质的服务。星巴克的愿景因此得以在员工和顾客之间形成良性循环，推动品牌的长期发展。

星巴克给员工提供的这种归属感是一种强大的力量，只有让每位成员感受到家的温暖，品牌才能真正拥有生命力。

那么，为了将宏伟而抽象的愿景转变为具体、可行的行动计划，可以按照以下步骤进行：

● 让愿景易于理解且易于认同

愿景不能过于晦涩复杂，只有通俗易懂的愿景才能让每个团队成员理解并产生共鸣。一个成功的愿景应当简洁明了，能够直击人心，使每位成员明确团队为何而奋斗。愿景的表达应尽量简洁、富有感染力，让每个成员都能从中找到激励自己的动力。

为了让愿景更容易被理解和认同，领导者可以通过讲故事的方式，将愿景具象化。例如，苹果公司的"让科技触手可及"就是通过无数生动的用户故事得以传播和强化的。这种方式能够让抽象的愿景变得生动，使团队成员更容易产生情感上的共鸣。

● 鼓励每个成员参与愿景的形成

愿景的制订不能是领导者的一言堂，而是需要团队全体成员的参与。只有当成员感受到愿景是"我们的"而非领导者的指令时，他们才会全身心地投入，共同为实现这一目标而奋斗。愿景的形成过程应当是一个集体讨论和交流的过程，让每个成员都有机会表达自己的想法和意见。

通过参与愿景的制订，团队成员会更加认同和投入，因为他们在其中看到了自己的贡献。这种参与感不仅能提高团队成员对愿景的认可度，还能提高团队的凝聚力。每个成员都会觉得自己是愿景的一部分，而不是被动地接受任务。

● **通过行动不断强化愿景**

愿景不能停留在口号层面，而是需要通过具体行动予以实现和强化。领导者需以自身行为和决策不断践行愿景。无论是乔布斯对细节的极致追求，还是星巴克员工为顾客提供归属感的用心服务，均是在通过行动不断强化公司的共同愿景。

此外，愿景的强化还需要通过定期的回顾和反馈来实现。团队可以通过定期会议，检查当前的行动是否符合愿景的方向，是否需要调整。领导者可以通过表彰和奖励那些践行愿景的行为，进一步强化团队对愿景的认同。

共同愿景是一种信念，在困境中，它是团队坚持不懈的力量源泉。拥有共同愿景的团队，成员们不会觉得自己只是在"为老板打工"，而是认为他们在实现自己的梦想。每个人都能从愿景中找到自我价值，这样的团队才会拥有持久的凝聚力和战斗力。

愿景赋予工作以意义，使每个成员都能看到自己的贡献如何影响整个团队，乃至整个社会。当愿景深入人心，工作不再是枯燥的任务，而是实现自我价值的一种方式。团队成员会因此更加积极主动，愿意为实现愿景付出更多努力。

为员工创造自我驱动的环境

自我驱动的环境,指的是在工作的环境中,员工们展现出强烈的内在动力与自我管理技能,他们能够独立地设定目标、规划行动,并积极主动地追求个人成就与团队胜利。

在这样的环境中,团队成员得以充分释放创造力、勇于探索新途径,推动团队在应对挑战时不断超越传统限制,实现创新突破。这种创新力不仅使团队在市场竞争中占据优势,更为团队的持续发展提供了动力源泉。

置身于此环境,团队成员能感受到来自组织的深切信赖与尊重,因此更加珍视团队资源,并积极主动地为实现团队目标而努力。这种团结协作与相互扶持的氛围,提高了团队成员的归属感与认同感,使得团队成为一个更加紧密协作、高效运作的集体。

此外,自我驱动的环境还显著提高了团队的工作效能与质量。团队成员能够根据自身能力与兴趣选择合适的任务,从而充分发挥个人优势,提高工作效率。同时,由于他们具备出色的自我管理能力,能够确保工作的高质量完成,为团队的整体业绩增添光彩。

最为关键的是,对于员工而言,"自我驱动"意味着他们将持续不断地学习新知识、掌握新技能,提升个人的综合素质。这不仅有助于团队成员在职场上获得更好的发展机遇,也为团队的长远发展积蓄了丰富的人才资源。

有一个专注于开发线上医疗 App 的五人团队。在这个团队里，每位成员都具备强烈的自我驱动力。团队的领军人物以其敏锐的洞察力和深厚的行业经验，为团队指明了前进路径。团队中还有一位技术高手，他总能在项目遇到技术障碍时，迅速找到解决方案，确保产品的顺利研发。

此外，还有一位擅长市场分析和用户调研的成员，他能够精准捕捉市场需求，为产品的定位和推广策略提供重要依据。剩下的两位成员，则分别负责产品的设计和宣传工作，他们的创新思维和出众才华，使产品更加引人注目。

在这样一个自我驱动的氛围中，团队成员们充分展现了自己的专长，同时也不断地从彼此身上学习、互相支持。他们每天自愿加班，不断优化产品方案、提升产品功能。面对困难和挑战，他们总能迅速调整心态，积极寻找应对之策。这种自我驱动的精神，不仅促使团队成员们不断超越自我，也极大地推动了项目的快速进展。

在团队的共同努力下，他们的线上医疗 App 终于成功面世，并赢得了市场的广泛好评。这款产品不仅性能卓越、设计独特，还为用户带来了全新的线上医疗体验。它的成功上市，不仅为团队带来了丰厚的经济回报，还让他们在业界赢得了高度的赞誉和尊重。

为员工打造自我驱动环境的过程中，管理者一定要注意以下几个要素：

● 构建正向的团队文化

管理者应致力于构建一个积极向上、互帮互助的团队文化。通过策划团队建设活动，不仅能促进员工间的沟通协作，还可以提高团队凝聚力，使员工更加齐心协力地追求团队目标。

● 促进员工的持续学习与成长

为激发员工的自我提升动力，管理者应提供多样化的学习和发展资源，如培训、研讨会和在线课程等。这有助于员工保持职场竞争力，也是对他们个人成长的持续支持。

● 明确工作价值与意义

确保员工深刻理解其工作的价值，以及这一工作对公司、客户乃至社会的积极影响。当员工认识到自己工作的深远意义时，他们将更有动力去追求卓越。

● 赋予员工决策自主权与责任感

管理者应给予员工适当的自主权，让他们在职责范围内自主决策，并承担相应的责任。通过建立信任、允许试错并从中学习，员工将更能感受到自己工作的价值和重要性。

● 重视员工个人职业规划

管理者应密切关注员工的个人发展，了解他们的职业规划和目标，并为他们提供量身定制的发展机会。这样，员工将感受到组织的关怀和支持，从而能全身心地投入到工作中。

打散团队中的小圈子

在公司团队的管理中，小圈子是一个常见但极具破坏性的问题。所谓小圈子，指的是部分团队成员形成的排他性小团体。这些小团体通常基于共同的背景、相似的兴趣或长期的工作关系而形成。小圈子的存在极大地阻碍了公司内部的有效沟通、信息共享，并且可能引发内部分裂，从而削弱团队的整体效能。因此，如何有效地打散团队中的小圈子，推动一种包容和开放的文化，是公司领导者必须应对的课题。

小圈子问题的核心在于排他性，容易导致圈外成员感到被边缘化。小圈子的存在使团队中的资源和信息流动受阻，形成信息孤岛，进一步削弱整体的沟通效率和团队凝聚力。这种排他性的团体往往由同事之间长期的默契、共同的社交活动、相似的文化背景等因素促成，圈外人由于缺乏这些特质而被排斥在外，难以融入。

从组织的角度来看，小圈子的存在意味着资源分配不均、信息获取不平等，这不仅会打击圈外员工的工作热情，还会导致他们的流动性增加，从而给组织带来不可估量的损失。此外，小圈子文化还可能影响团队的创新能力，因为它阻碍了不同观点和想法的交流与碰撞，导致思维固化和决策偏差。

小圈子是团队协作中的无形屏障，其可能在关键时刻阻碍团队的成功。

在一个重要产品的开发团队中，由于几位资深员工形成了小圈子，新成员感到难以融入团队，导致信息流通不畅，团队士气低落。由于小圈子内的资深成员占据了关键的决策位置，新员工的建议常常无法得到应有的重视。

面对这一问题，管理层采取了一系列措施。首先，他们进行了团队重组，重新分配了团队成员，打破原有的小圈子结构。其次，公司推行了更加透明和开放的讨论机制，确保每位团队成员都有平等的发言机会和决策参与权。通过这种结构性的调整，信息流通得以恢复，团队中的新成员也感受到自己在团队中的重要性，从而提高了整体的协作效率。

打破小圈子的根本在于重新建立信任，让每个成员都有平等的发声机会。

霍华德·舒尔茨在接手星巴克时，发现在门店中存在严重的小圈子问题，尤其是资历较老的员工与新员工之间形成了明显的隔阂。这种现象不仅影响了新员工融入团队的体验，也降低了整个团队的服务质量。

为了打破小圈子的局面，舒尔茨推行了"伙伴文化"。他决定不再称呼员工为"员工"，而是称为"伙伴"，以强调组织内部的平等地位。他鼓励开放式沟通，通过团队会议和集体活动让每一位员工都有机会表达自己的观点和意见。舒尔茨还引入了跨店培训和经验分享机制，打破了门店之间的边界，推动所有员工形成更加广泛的关系网。这些举措逐渐消除了小圈子的影响，星巴克的门店氛围也变得更加开放和友好。

真正的伙伴关系不会形成壁垒，团队的力量源于每个成员的归属感和参与感。

■ 下面是打破小圈子的三大策略：

● 推动跨部门合作

小圈子往往是由于成员长期处于固定的工作环境，缺乏与其他同事的互动而形成的。推动跨部门合作是打破小圈子的有效方式之一。例如，通过设立跨部门项目，员工可以接触不同部门的同事，从而拓宽眼界，建立更广泛的人际网络。这种方式有助于打破固有的小团体壁垒，推动不同部门和团队之间的知识共享与协作。

● 重视新成员的融入

新成员的融入是预防小圈子形成的关键环节。公司应制订全面的入职培训和融入计划，为新员工指定导师或伙伴，帮助他们快速了解公司文化和团队运作。同时，管理者应在新员工入职后的关键期内给予足够的支持，确保他们的声音被倾听、想法被重视。通过建立这种支持体系，新成员可以更容易地融入团队，减少孤立感。

● 建立透明的沟通机制

透明的沟通是打破小圈子的基础。当信息公开、决策过程透明，小圈子内部的信息优势将被削弱，团队成员之间的信任感会大幅提高。管理者应定期组织全员会议，公布公司的最新动态、面临的挑战和解决方案，鼓励所有成员参与讨论，并给予反馈。信息共享的透明性使得小圈子文化难以滋生，有利于营造公平、开放的团队环境。

打破团队中的小圈子，不仅能够改善内部沟通，还能极大地提高团队的凝聚力和创造力。当每位成员都能平等地表达自己，并感受到自身的价值时，团队的潜力才能得到真正释放。小圈子的解体使信息流动更加顺畅，从而促使团队不断迸发创新的火花。

打破小圈子是一个需要持续投入的长期过程。在这个过程中，领导者扮演着至关重要的角色。他们需要通过言行来树立榜样，主动与每位成员沟通，了解他们的需求与想法，确保没有人被边缘化。只有当每位成员都能拥有归属感和参与感，团队才能在面对挑战时齐心协力，展现出超凡的战斗力和韧性。

重"帮人"，轻"炒人"

在团队成员表现欠佳或存在问题时，管理者通常有两种应对策略：一是"炒人"，即通过解雇或替换问题成员来解决问题；二是"帮人"，即通过给予支持、培训及指导，助力成员克服挑战、提高能力。相比之下，"帮人"策略在维护团队稳定性方面展现出更为显著的优势。

小团队往往资源有限，成员间关系紧密，因此，团队合作与信任显得尤为关键。若管理者轻易选择"炒人"，即解雇表现不佳或未达预期的员工，很可能会降低团队的凝聚力，使其他成员感到不安、互相猜疑。一旦形成这种氛围，就难以逆转，这将对团队的长期稳定发展构成严重威胁。

相反，"帮人"策略则是一种更为积极、人性化的管理方式。通过帮助员工解决工作难题、提升技能，管理者不仅能提高员工个人表现，还能提高员工对团队的归属感和忠诚度。这种管理方式有助于塑造积极、互助的团队文化，激发团队成员热情地为团队贡献力量。

在一个充满朝气的小团队中，共有五名成员：团队负责人李浩、技术高手陈晨、创意设计师林晓、市场推广专员孙强，以及新晋实习生小李。他们的共同目标是研发一款创新的移动应用，并将其成功推向市场。

在项目启动初期，小李由于缺乏实践经验，时常在工作中遭遇瓶颈。他时而因技术难题而举棋不定，时而因设计构思与团队意见相左而感到沮丧。这些挑战让小李倍感压力，甚至萌生了退缩的念头。

然而，团队的其他成员并未选择"放弃小李"，而是坚定地选择了"帮助小李"。团队负责人李浩频繁与小李交流，倾听他的困惑与难题，并耐心地为他指点迷津。技术高手陈晨主动传授自己的经验，助力小李攻克技术难关。创意设计师林晓则与小李并肩作战，共同探索设计灵感，帮助他找到与团队更协调的创意方案。市场推广专员孙强也鼓励小李积极参与市场调查，深入了解用户需求，为产品的市场推广贡献宝贵意见。

在团队成员的悉心帮助下，小李逐渐克服了重重困难，取得了巨大的进步。他不仅圆满完成了自己的任务，还为团队带来了诸多新颖的想法和创意。团队成员之间的协作也愈发默契与高效，整个团队的凝聚力与士气都得到了极大的提高。这一经历再次证明了，在团队中"帮助他人"远比"放弃他人"更能促进团队的成长与成功。

■ 那么"帮人"对于团队来说都有哪些好处呢？

● 促进团队的稳定

当团队成员目睹或耳闻同事因能力不足而离职，他们内心往往会涌动不安与忧虑。这种情绪不仅源于关乎个人职业安全的考量，还源于对团队未来路径的不确定感。团队成员可能会开始质疑管理决策的一致性，担心自己是否也会因一时的疏忽或效率下滑而面临同样的命运。这种紧张氛围不仅侵蚀着团队成员的心理健康，还可能诱发一系列负面行为，如过度竞争、信息孤岛、相互猜疑，从而瓦解团队的和谐与协作。

相反，致力于提升团队成员能力、积极解决问题，能够显著提高团队的归属感和安全感。当管理者表现出对团队成员成长的坚定承诺、愿意投入时间与资源的态度，而非轻率地将问题归咎于个人并迅速采取解雇措施时，团队成员会感受到被尊重与珍视。他们深知，即便遭遇挑战或犯错，也不会立即被放弃，而是有机会获得指导与支持，逐步实现自我提升。这种安全感有助于消除团队成员的疑虑与恐惧，激发他们全身心地投入工作，形成积极专注的工作氛围。

● 深化团队凝聚力

在团队管理中，培养成员的忠诚度是构建高效团队、提高组织凝聚力的核心要素之一。忠诚的团队成员不仅更愿意为团队倾尽全力，更能在困境中坚定不移地与团队并肩作战，为团队的长期稳定与发展提供坚实支撑。在此方面，选择帮助团队成员提高能力、解决问题，相较于简单的解雇策略，更能有效地培育团队成员的忠诚度。

● 实现成本节约

解雇员工往往伴随着高昂的成本，包括招聘新人的费用、培训投入、适应期的工作效率损失等。而致力于提高现有员工的能力、解决他们面临的问题，则能够避免这些不必要的开支。同时，利用现有员工丰富的经验与熟悉度，可以显著提高工作效率，实现成本优化与效益最大化。

第三章

以客户为中心，公司才能有长远发展

公司只有一个上司，就是客户

日本有个服饰品牌，叫 UNIQLO，中文表达就是"优衣库"。UNIQLO 的全名是 UNIQUE CLOTHING WAREHOUSE，翻译成中文就是"独一无二的服装仓库"。其内在含义就是，摒弃不必要的仓库型店铺，采用超市型的自助购物方式，通过合理的价格和可靠的质量为客户提供满意的商品。

这家以"便宜有好货"为噱头的卖场，在日本服装市场占据了重要的地位，几乎占据了半数市场份额。诚然，其低廉的价格策略极具吸引力，但对于广大消费者而言，服装品牌不仅仅是价格标签，更是个人品位的直接展现。在全球时尚舞台上，ZARA 与 H&M 作为源自欧美的潮流代表，已然晋升为一种文化符号。然而，在日本这个精致而独特的市场环境中，优衣库异军突起，成功与这两大国际巨头并肩而立，展现了其非凡的品牌魅力与市场适应力。

当下，优衣库的品牌影响力，已经提升到了世界排名的前几位。早在 21 世纪初的时候，优衣库凭借着"摇粒绒"的风潮迅速成为占领其国内市场的国民品牌，并且成为日本平价服饰的代表。短短 10 年的时间，优衣库由一个岛国的自有品牌，成长为国际服装巨头。在国际舞台上，优衣库的脚步遍布世界各地。2023 年，优衣库的年度营收额达到了 304 亿人民币，在全球服装企业中排名第六。2024 年 6 月 2 日，优衣库迎来了第一家店开业 40 年，创始人柳井正被问及"优衣库是怎样一个存在"时，他坦言："它是我毕生的事业，就像是自己活着的证明。"他说："我觉得10年之后体力可能坚持不下去，如果能坚持，我可能还会继续做下去……"

优衣库的前身，是一家传统的西装店。这么一间不起眼的家族西装店，为何能够迅速转变战略目标，从而成为当今世界首屈一指的服装品牌呢？这一切，都要从优衣库的当家人柳井正讲起。

优衣库可以说是柳井正一手抚养大的孩子。柳井正早年毕业于早稻田大学经济学专业。1972年8月，柳井正进入了家族的迅销公司。公司名称是FAST RETAILING，其中包含了很多特别的含义。"FAST（迅速）+ RETAILING（零售）"体现了如何将客户的要求迅速商品化、如何迅速提供商品这一公司根本精神，也表达了他们希望成为服装零售界"快餐文化"这一世界通用理念的代表。自1984年就任迅销公司的董事长兼总经理之后，柳井正就开启了一项变革。

此前两年，当时的柳井正已经是迅销公司的专务董事。1982年，他正在美国考察，当他看到美国大学中盛行的用仓储型自助购物的方式来售卖服装之后，大受启发的他决定把这种销售方式引入日本。20世纪80年代，日本经济早已复苏，并且正在快速走上腾飞之路，人们的生活节奏开始加快，自助的购物方式恰好和人们的购物需求相适应。于是，通过一系列商品策划、开发和销售体系的运营，柳井正改良后的大卖场式的服装销售方式得以在日本初露端倪。

1984年6月，第一家优衣库的仓储型服装专卖店在广岛开业。人们顾不上天气的炎热，每天一大早就在优衣库门前排着队等待进店购物。为了应对这一意想不到的盛况，同时也为了给优衣库聚拢更多的人气，柳井正临时决定给所有排队购物的客户们派送早餐。这个决定成了优衣库开门红的一记奇招。

优衣库成功的销售模式，正是源于柳井正开阔眼界看世界所学来的结果。在广岛的成功，不论是对柳井正还是对优衣库来说，都是全新的开始。家族传统经营的西装店已经没有太大的发展前景，想要找条活路，就必须时刻学习。而优衣库的发展壮大历程，也正是柳井正本人的创业史。

其实，优衣库的第一次成功，源于柳井正巧妙地偷换了一个概念。"公司只有一个上司，即客户。"这句沃尔玛的格言成了优衣库的信条。柳井正看到客户在进店选购衣服的时候，要么是满脸茫然任由导购员牵着鼻子走，要么是对导购员的耐心讲解表现出一副厌烦的姿态。因此，真正让客户去自由选择其喜欢的衣服，才是王道。

客户至上的理念促进了优衣库的成功，柳井正凭借着一双慧眼抓住了客户的这一需求，同时这也正是迅销公司的需求。在他把这一理念变成实际的时候，优衣库已然悄悄地改变了日本的服装销售模式。

想客户所想，增强客户信任

为了实现长久的可持续发展，公司必须赢得客户的信任。信任并非一蹴而就，而是通过与客户的真诚互动长期积累建立起来的。这一信任的基础不仅仅在于高质量的产品，还在于公司是否真正理解并关注客户的需求，是否能够从客户的角度思考，满足他们的期望。那些取得成功的公司无一例外地都重视这一点——始终将客户置于其业务的中心，通过真诚的服务赢得客户的长期信任。

客户的信任不仅仅是他们愿意重复购买产品的基础，还是他们愿意向他人推荐公司的关键驱动力。这种信任的建立源于每一个细节，它体现在客户使用产品、享受服务的每一次体验。为了增强客户信任，公司需要建立长期的客户关系，真正关心客户的需求，解决他们的痛点，并持续改进客户体验。

乐高是一家始终将客户放在首位的公司，他们深谙如何通过与客户的互动来增强信任，进而建立长期关系。乐高的成功不仅在于生产出高质量的积木玩具，更在于通过不断与客户建立深度互动，理解客户的需求，并创造与客户紧密联系的品牌体验。

乐高创建了"乐高创意"平台，鼓励客户提交他们的创意设计，甚至将一些客户的设计转化为正式产品。这一举措不仅提高了客户的参与感，还让他们感受到自己是公司成长的一部分。例如，"乐高Ideas"项目中，有一位顾客提交了一个基于经典科幻电影的设计提案。该提案获得了大量用户的支持，最终被乐高投入生产并正式上市。通过这种方式，乐高与客户共同创造产品，让客户深切感受到自己的意见得到了重视，自己的创意得到了认可。

乐高与客户的互动不仅是乐高单方面的信息收集，更是双向的情感交流。这种通过与客户互动建立起来的情感联系，极大地增强了客户对品牌的信任和依赖。此外，乐高还通过举办线下活动进一步提高客户互动体验。例如，乐高定期举办家庭日活动，邀请客户和他们的孩子共同参与积木拼搭。这种互动式活动不仅加深了家庭成员之间的联系，也让客户感受到品牌对他们的重视和关怀。

那么公司具体应该如何做，才能想客户所想，增强客户信任？

● 宽松的退货政策，是对客户信任的最大承诺

在商业竞争中，退货政策的松紧往往成为衡量公司诚信与客户关怀的重要标尺。一个宽松的退货政策，不仅体现了公司对产品质量的自信，还体现了对消费者权益的充分尊重。它传递出一个明确的信息：我们信任你，你的满意比短期的销售更重要。这样的政策能够消除客户的购物顾虑，让他们在购买时更加放心，从而建立对品牌的深厚信任。长远来看，这种信任将转化为持续的客户忠诚度和口碑传播，为公司带来不可估量的价值。

● 为客户多走一步，才能赢得他们的长久信任

在数字化时代，公司与客户之间的关系已不仅仅是基于简单的交易往来，而是更多地建立在理解与信任的基础上。为了赢得客户的长久信任，公司必须主动倾听客户的需求、不断改进产品和服务。这种主动倾听与改进的方式让用户感受到他们的需求被重视，从而增强了对平台的信任。而个性化的推荐，作为数字化时代的一种重要服务方式，更是成为赢得客户信任的无形桥梁。通过精准的数据分析和算法推荐，公司能够为客户提供更加贴合其兴趣和需求的产品或服务，这种个性化的体验让客户感受到被理解、关怀，从而进一步增强了他们对公司的信任和依赖。

■ 下面是增强客户信任的几个技巧：

（1）倾听客户的声音

倾听客户的声音是建立信任的第一步。公司需要通过多种渠道与客户保持沟通，例如客户调研、社交媒体互动、线上评论等，了解客户的真实需求和痛点。倾听不仅可以帮助公司改进产品和服务，还能让客户感受到被尊重、重视。

公司应定期举办客户交流活动，如线上、线下的客户见面会和问卷调查，通过直接与客户互动，深入了解他们的需求与反馈。此外，社交媒体的互动也至关重要，客户的声音可以通过社交平台迅速传播，公司应及时回应客户的提问和意见，表现出对客户尊重和重视的态度。

倾听客户的声音不仅要记录反馈，还要将这些反馈融入产品和服务的改进中。公司应建立透明的反馈机制，告诉客户他们的意见如何影响了公司的决策和改进。这样，客户会更加信任公司，并愿意持续与公司互动。

（2）主动解决客户的问题

信任的建立不仅在于倾听客户的声音，更在于公司能否主动解决客户的问题。当客户遇到困难时，公司快速响应、采取有效行动是赢得信任的关键。

主动解决客户的问题意味着公司不仅要具备解决问题的能力，还要建立快速响应的机制。公司可以通过建立专门的客户服务团队，确保客户的问题在第一时间得到回应。此外，公司应建立客户问题反馈、解决的平台，使每一个客户的问题都能被记录、跟踪，直到问题彻底解决。这样，客户才能感受到公司的重视，从而增强对公司的信任。

公司还可以通过提前预测客户可能遇到的问题，主动提供解决方案。例如，针对产品使用中可能出现的常见问题，公司可以提前提供详细的指南或常见问题解答，使客户能够自主解决问题。这种主动的态度能有效减少客户困扰，让他们感受到公司的用心与责任感。

（3）提供超出预期的服务

超出预期的服务往往能在客户心中留下深刻印象。客户信任一家公司，是因为他们感受到公司的重视，并愿意为他们多走一步。例如，乐高通过与客户共同创造产品，深度参与客户的创意过程，这种超预期的关怀是增强客户信任的有效方式。

公司可以通过个性化的服务、特别的惊喜或额外的关怀来提供超出客户期望的服务。例如，在节假日向客户寄送感谢卡片或小礼物，或者为老客户提供特别的优惠活动。这些看似微小的举动，往往能拉近公司与客户之间的距离，让客户感受到公司的诚意与关怀。

此外，公司可以建立VIP客户计划，为长期客户提供特别的服务和待遇，如优先购买权、个性化咨询等。这些超出预期的服务举措能让客户感受到自己的特殊性，提高他们对公司的依赖感与忠诚度。

（4）透明和诚实

公司在与客户沟通过程中，必须保持透明和诚实。如果产品出现问题，公司应主动承认并迅速采取补救措施，而非掩盖问题或推卸责任。诚实的态度不仅能化解客户的不满，还能增强客户对公司的信任。客户愿意长期支持公司，往往是因为公司展现了值得信赖的品质。

公司应在客户面前保持信息透明，例如，产品的生产流程、定价逻辑、可能存在的风险等，公开这些信息可以提高客户的信任感。此外，在面对负面反馈时，公司应公开回应，表达改进的决心与措施，而不是选择忽视或推卸责任。公司的透明和诚实能够赢得客户的信任，使他们愿意持续支持公司。

以客户痛点为产品研发切入点

为了实现可持续发展，公司必须精准识别并解决客户的痛点。这些痛点通常是客户在日常生活或工作中遇到的难题与困扰。如果公司能够成功解决这些痛点，就能赢得客户的信任与支持，并在市场上占据有利地位。众多成功的公司之所以能够脱颖而出，往往是因为他们将客户的痛点作为产品研发的起点，并通过持续满足客户需求，最终取得了成功。产品研发的起点在于解决客户痛点，这是公司获得成功的根本。

● 以客户痛点为导向：公司案例剖析中的产品研发切入点策略

接下来，我们将通过分析以下几个具体的公司案例，深入剖析以客户痛点作为产品研发切入点的核心价值和重要性。这些案例将直观展示公司如何精准识别并解决客户的实际问题，从而推动产品创新与优化，赢得市场认可与客户忠诚。

（1）聚焦出行痛点，滴滴让等待变得如此便捷

滴滴打车的成功，缘于其精准抓住了城市居民在出行方面的核心痛点。在滴滴创立之前，传统的打车方式存在诸多不便，尤其在早晚高峰期，市民常常需要在路边长时间等待出租车。而对于司机而言，空驶率高、难以找到乘客也是普遍存在的问题。滴滴通过移动互

联网技术，搭建了一个高效连接乘客与司机的平台，彻底改变了这一局面。

乘客只需通过手机应用，即可快速找到附近的车辆，无须再在街头浪费时间等待；司机也可以通过系统高效匹配到最近的乘客，从而降低空驶率、提高收入。这种双向互惠的模式，使得滴滴迅速赢得了用户的青睐，成为国内最大的出行平台之一。滴滴的成功证明了，只有精准地解决用户的痛点，公司才能获得迅速成长。

（2）高性价比是破解市场痛点的钥匙，小米让科技普惠大众

在小米手机推出之前，智能手机市场基本被国际大品牌垄断，这些品牌的产品价格昂贵，让许多消费者，尤其是年轻人，难以承受。然而，市场上低价位的手机在性能和质量方面往往差强人意，难以满足用户的需求。

小米敏锐地认识到了这一痛点，并以"高性价比"为切入点，推出了价格适中且性能优越的智能手机。通过采用互联网直销模式，小米大幅削减了中间成本，使消费者能够以合理的价格购买高质量的智能手机。此外，小米通过与用户的紧密互动，不断收集反馈，持续改进产品，践行了"以用户为中心"的承诺。

正如小米创始人雷军所言："站在用户的角度思考，做出他们买得起的好产品。"通过以客户痛点为导向的产品策略，小米迅速赢得了市场，并成长为全球知名的智能手机品牌。

（3）智慧家居解决家务痛点，海尔让生活更加轻松和智能

海尔集团通过智能家电成功解决了家庭用户在家务处理中的诸多痛点。在传统家电时代，家务如洗衣、做饭、清洁等，往往耗费大量时间和精力。伴随着生活节奏的加快，人们愈发希望能够减轻家务负担，从而享受更多高质量的生活时光。

海尔正是抓住了这一痛点，推出了"智慧家居"系列，通过物联网技术将家中的各类电器相互连接，形成智能家庭系统。例如，海尔的智能冰箱可以根据食品存量进行自动管理和提醒；洗衣机和烘干机之间可以智能联动，洗衣完成后自动启动烘干功能。这些智能化创新大大减轻了家庭用户的家务负担，提高了生活品质。

同时，海尔还特别关注不同群体的需求，推出了老年人友好型的简易操作设备以及面向年轻人的智能家居套装，满足了不同客户的个性化需求。通过深刻理解并解决用户痛点，海尔成功在家电市场保持了领先地位。

（4）简化订餐流程，Uber Eats 让美食唾手可得

在餐饮外卖领域，Uber Eats 通过有效解决订餐过程中的痛点而脱颖而出。传统订餐过程中，消费者往往面临诸多困扰，例如难以选择餐馆、外卖配送延迟以及食物质量不稳定等问题。Uber Eats 利用技术平台，为消费者提供了便捷的订餐体验，显著改进了这些问题。

通过 Uber Eats，用户可以方便地浏览附近的餐馆，查看菜单、价格以及其他用户的评价，帮助他们快速作出决策。此外，Uber Eats 还提供实时定位功能，使用户可以随时了解外卖的状态，减少等待带来的焦虑。通过与高品质餐厅合作，Uber Eats 确保了食物的质量和用户的满意度。这种通过技术手段解决用户痛点的模式，不仅让消费者生活更便利，还帮助餐厅扩大了客户群，实现了多方共赢。

（5）解决健身的场地与时间限制，Keep 让健康每时每刻可得

Keep 是一款帮助用户在家进行科学健身的应用程序，解决了现代人普遍存在的健身难题。在工作和生活压力日益增大的今天，很多人发现难以抽出时间前往健身房，但同时又有保持健康和良好身材的需求。Keep 敏锐地捕捉到这一痛点，推出了便于用户在家进行

锻炼的全方位解决方案。

通过Keep，用户可以在手机上选择多种锻炼课程，涵盖有氧运动、力量训练、瑜伽等不同类型的运动。每个课程都有详细的视频演示和语音指导，帮助用户在家中进行科学的锻炼。此外，Keep还提供个性化的训练计划，根据用户的身体状况和健身目标，推荐最合适的课程内容。正如创始人王宁所言："健身应该是一件触手可及的事情。"Keep通过解决用户健身场地和时间受限的痛点，让居家健身变得更加简单和高效，迅速吸引了大量用户，成为国内领先的运动健康平台。

● 那么如何以客户痛点为切入点进行产品研发呢？

可以从以下几方面着手：

（1）深入了解客户需求

识别客户痛点的第一步在于深入了解客户的需求。这需要通过多种方式，如问卷调查、用户访谈、数据分析等，全面收集用户的反馈。公司必须真正走进客户的生活，找到他们在使用产品或服务过程中遇到的具体问题，并加以解决。

（2）从痛点中发现机会

客户的痛点往往意味着产品创新的机会。每一个痛点都代表着尚未满足的需求。公司应积极分析这些痛点，找到其中的市场机会，进行有针对性的产品研发。例如，小米通过发现市场上缺乏高性价比的智能手机，从这一痛点入手，迅速占据了市场份额。

（3）产品迭代与持续改进

产品的研发与改进不是一次性的，客户的痛点也会随着时间和市场环境的变化而发生改变。因此，公司必须不断收集用户反馈，进行产品的迭代与优化。只有通过快速的产品迭代，不断提升产品功能、提高用户体验,公司才能持续解决客户的痛点,赢得他们的信任。

(4)个性化解决方案

不同客户群体的痛点各异,因此提供个性化的解决方案至关重要。公司应根据不同客户的特定需求,提供定制化的产品和服务。例如,海尔通过推出针对不同家庭的智能家居设备,满足了客户的多样化需求,实现了产品的差异化竞争优势。

在未来的竞争中,只有那些能够精准识别客户痛点,快速响应并提供有效解决方案的公司,才能在激烈的市场竞争中立于不败之地。以客户的痛点为研发切入点,既是公司持续创新的源泉,也是赢得客户信任的根本。

以客户需求为导向的营销策略

在高度竞争的市场环境中,公司要实现可持续的长期发展,必须以客户为中心,并将客户的需求作为核心来制定营销策略。只有深入理解客户、了解他们的需求和痛点,公司才能赢得客户的信任并占据市场份额。众多成功的公司通过以客户需求为核心的营销策略,实现了业务的快速增长和品牌价值的持续提升。

● 以客户需求为导向,是掌握市场主动权的关键

宜家在全球取得的成功,源自对客户家居需求的深入理解。宜家意识到,消费者在购买家居产品时,不仅关注价格和外观,

还重视实际的使用体验和灵活的家居解决方案。为满足这些需求，宜家创造了一种独特的购物体验：不仅销售家居产品，还在门店中模拟家庭环境，帮助消费者直观地感受产品在家中的效果。

宜家的展厅不仅展示了家具，还通过真实场景的布置，为客户提供了整体家居解决方案。客户可以看到沙发、床、储物架等家具在房间中实际摆放的效果，并根据自己的需求进行选择。此外，宜家还推出了"自助式"购物体验，客户可以自行选购并组装家居产品。这种方式不仅降低了成本，还提高了客户的参与感和成就感。

通过满足客户对家居灵活性和个性化的需求，宜家成功赢得了全球消费者的青睐，确立了家居行业的标杆地位。宜家的成功，在于让顾客找到属于自己的家居解决方案。

戴森的成功，源于其对客户需求的深入洞察。戴森创始人詹姆斯·戴森发现，传统吸尘器在使用过程中存在吸力不足、清洁效果不佳等问题，这些都是客户在家居清洁中的痛点。为了解决这些问题，戴森投入大量资源进行产品研发，最终成功推出了无袋式吸尘器和气旋分离技术，显著提高了吸尘器的清洁效率。

戴森的营销策略注重产品功能与客户需求的紧密结合，通过展示产品在实际使用中的优势，直击客户痛点。例如，戴森的广告展示了其吸尘器如何有效清除灰尘和过敏原，这不仅让客户了解了产品的功能，也让他们相信戴森能够解决他们的家居清洁难题。

通过不断创新和满足客户需求，戴森成功在家电市场中建立了高端品牌形象，赢得了消费者的信任。戴森的成功在于精准解决客户的家居清洁难题，让科技为生活服务。

● 实施以客户需求为导向的营销策略

（1）深入了解客户需求

公司要实现以客户需求为导向，首先必须深入了解客户，包括他们的需求、痛点和期望。这需要通过市场调研、客户访谈和大数据分析等手段，全面获取客户信息。只有深刻理解客户的真实需求，公司才能制定出精准的营销策略。

（2）与客户保持良性互动

与客户保持良好的互动是实施客户导向营销策略的关键一环。公司可以通过社交媒体、社区平台等方式，与客户进行直接沟通，了解他们的想法和反馈。乐高通过与客户保持紧密互动，邀请他们共同创造产品，便是一个典范。

（3）提供个性化的客户体验

每个客户都是独特的，他们的需求也各不相同。因此，公司应尽可能提供个性化服务，以满足不同客户的需求。戴森的针对性产品设计，是提供个性化客户体验的成功案例。通过个性化的体验，公司可以提高客户满意度和客户忠诚度。

● 情感化的品牌建设

除了满足客户的功能需求，公司还应注重情感化的品牌建设，激发客户的情感共鸣。例如，宜家通过营造温馨的家居场景，成功与客户建立了情感连接。情感化品牌建设能够提高客户对品牌的依赖感，从而提高品牌附加值。

长期关注客户的利益，就是关注自己的利益

在商业环境中，公司与客户之间不仅仅是交易关系，还是一种互惠共生的长期合作关系。只有当公司将客户利益置于首位、持续创造客户价值，客户才会选择长期支持公司，由此给公司带来持续的盈利。这种以客户为中心的战略，不仅帮助公司赢得了客户的信任，也使公司在激烈的市场竞争中保持了强大的竞争优势。

Costco是一家以会员制为基础的零售公司，其核心理念是为会员提供最优质的商品和最优惠的价格。在这种模式下，Costco的所有业务决策都围绕客户的利益展开，旨在通过为客户创造最大价值来赢得他们的信赖。

Costco采用薄利多销的策略，严格控制运营成本，并与供应商直接合作，以确保为客户提供低价高质的商品。此外，Costco推行宽松的退货政策，几乎所有商品都可以无条件退货，确保客户购物无忧。这些措施使Costco赢得了大量的忠实会员，树立了强大的品牌口碑。

Costco创始人吉姆·辛内加尔曾说："我们的使命是为会员创造价值，而不是为股东的短期利润牺牲客户利益。"

正是这种长期关注客户利益的策略，使Costco在全球零售行业

中脱颖而出，赢得了稳固的市场地位。

特百惠是一家专注于家居塑料制品的公司，其成功的一个重要因素是对客户利益的长期关注。特百惠在产品设计中充分考虑了客户在厨房和家庭收纳中的实际需求，提供高质量且实用的家居用品，帮助客户提高生活质量。

特百惠的产品不仅质量优良，而且承诺提供终身保修服务。这种对客户利益的关注，让客户可以放心使用特百惠的产品，减少了对产品损坏的担忧。此外，特百惠还通过举办社区活动和产品演示，帮助客户更好地了解如何使用产品，提高生活的便利性和幸福感。

特百惠创始人厄尔·塔珀曾说："如果我们能够帮助客户改善生活，他们自然会成为我们的长期支持者。"

通过长期关注客户的实际利益，特百惠不仅赢得了客户的信赖，也赢得了良好的品牌声誉。

持续关注客户利益是公司发展的关键，以下为实现此目标的几个方法：

● 深入理解客户的需求

关注客户利益的基础是深入了解客户需求。公司需要通过调研、访谈、数据分析等多种方式，全面了解客户在使用产品或服务中的痛点和期望，进而开发和制订符合客户需求的产品和服务方案。

● 提供超越预期的服务

公司在满足客户基本需求的基础上，还应努力为客户提供超越预期的服务。例如，Costco 的宽松退货政策，是通过超越客户期望来提高客户满意度和客户忠诚度的方式。

● 与客户建立长期互动

关注客户利益需要持续地互动与沟通。公司应通过社交媒体、线下活动等多种渠道，与客户保持紧密联系，倾听他们的反馈，了解他们的新需求。

● 持续改进与创新

客户需求会随着时间推移而变化。公司需要不断改进与创新，确保产品和服务的质量，持续为客户创造价值。宜家在家居产品上的持续创新以及特百惠对产品质量的终身保修，都是为了满足客户在生活便利性和产品品质方面的长期需求。

客户的价值主张，决定了公司的价值主张

在商业领域中，客户的需求决定了公司的生存环境，而客户的价值主张则决定了公司的发展方向。一家公司如果能精准地理解客户的价值主张，并围绕客户需求来定义自己的价值主张，就能在市场中站稳脚跟，取得成功。客户的价值主张是他们对产品或服务的期望，是公司必须满足甚至超越的目标。当公司把客户的需求放在首位，公司的价值主张就会与客户紧密结合，从而不断为客户创造

价值。客户看重什么，公司就应该关注什么。

奈飞（Netflix）能够在全球范围内迅速崛起，并成为领先的流媒体平台，其成功的重要原因之一是对客户价值主张的精准把握。奈飞深知，客户的需求不仅是观看内容，还希望获得个性化的娱乐体验。因此，奈飞运用了强大的数据分析和机器学习技术，为每位客户提供高度定制化的内容推荐。

通过分析用户的观看历史、评分和偏好，奈飞能够为用户推送符合其兴趣的电影和电视剧，减少了用户在选择内容时的困扰，极大提升了观看体验。奈飞的这种个性化服务满足了客户对便捷和高质量娱乐的需求，从而成功将自身的价值主张与客户的价值主张紧密结合。

奈飞的联合创始人里德·哈斯廷斯曾说："我们希望用户每次打开奈飞，都能轻松找到自己喜欢的内容。"

奈飞作为全球领先的流媒体平台，其成功关键在于精准把握客户价值主张。通过强大的数据分析和机器学习技术，奈飞为每位用户提供个性化的内容推荐，减少了选择困扰，提升了观看体验。这种个性化服务不仅满足了客户对便捷和高质量娱乐的需求，还紧密结合了奈飞与客户的价值主张。以用户为中心的理念，使奈飞在美国流媒体市场中占据领先地位。

■ **通过客户价值主张定义公司价值主张的几个要点：**

● **深刻理解客户的需求和期望**

公司必须首先深刻理解客户的需求和期望，通过客户调研、用户反馈和数据分析等方式，找到客户的真正痛点和价值主张。只有在明确客户看重什么的前提下，公司才能制定出与之匹配的价值主张。

● 将客户需求融入产品和服务

理解客户价值主张后，公司应将这些需求融入产品和服务设计中。例如，奈飞通过个性化推荐提升了用户体验，而星巴克则通过提供"第三空间"提高了客户的生活质量。

● 通过不断优化和创新，持续满足客户需求

客户的需求是动态变化的，因此公司的价值主张也应随着客户需求的变化而不断优化和创新。例如，苹果和华为公司，通过持续的技术革新和产品设计，不断满足用户对极致体验和完美设计的追求，保持了市场的领先地位。

● 提供超越客户期望的体验

公司在满足客户基本需求的基础上，应努力为客户提供超越其期望的体验。例如，世界知名的另类住宿旅行社 Airbnb，通过为客户提供个性化和本地化的住宿选择，不仅满足了客户旅行住宿的需求，还为客户创造了独特的文化体验。

公司必须使其价值主张与客户的价值主张高度一致，才能在市场中取得成功。当公司围绕客户的需求和期望，持续为客户创造价值时，客户也会为公司带来品牌忠诚度和业绩增长。

每个痛点都隐藏着巨大的商机

在差异化市场中,痛点思维成为不可或缺的策略。那么,痛点思维的精髓究竟何在?它实质上与用户的哪些核心需求紧密相连?为了更有效地在痛点中发掘商机,我们必须精准地识别痛点,找到解决方案。

王宁,一位90后创业者,以他独特的视角和胆识,在健身领域掀起了一场革命。大学期间,他便投身于社会实践,积累了丰富的实战经验。2014年,他凭借300万天使投资,创立了Keep——一款移动健身指导应用。

Keep的成功,源于王宁对健身市场的深入观察和理解。他发现,传统健身方式受限于时间和空间,且健身知识匮乏是大多数人的痛点。在健身房办卡后年均仅去健身7.5次的数据,揭示了人们因生活忙碌而难以坚持健身的困境。同时,个人健身又缺乏系统、全面的指导,导致健身效果不佳。

针对这些痛点,Keep应运而生。它邀请专业健身教练录制短视频课程,优化视频大小,方便用户随时观看学习。通过用户基础数据信息,Keep推送最适合用户的课程,实现"傻瓜式"健身。这一创新模式迅速吸引了大量用户,上线仅一周便完成A轮500万美元融资,B轮融资更是高达1000万美元,估值1亿美元。

王宁的成功案例，充分证明了"每个痛点都隐藏着巨大的商机"。他凭借对市场的敏锐洞察和对用户需求的深刻理解，成功抓住了健身领域的痛点，创造了极具价值的产品。Keep的成功，不仅为王宁带来了商业上的巨大成功，更为他赢得了业界的广泛赞誉和用户的深厚信赖。他的创业经历，无疑为后来的创业者提供了宝贵的经验和借鉴。

● 为用户节省时间

滴滴创业团队正是敏锐地捕捉到了打车用户等待时间长的这一痛点，并致力于提高打车服务的效率。通过深入的市场调研，滴滴团队发现，用户在打车时的耐心极限大约是两分钟。一旦等待时间超过这个阈值，用户的焦虑情绪就会显著上升，进而给他们带来不良的服务体验。为了解决这个问题，滴滴团队采取了一系列创新措施。

首先，滴滴利用先进的算法技术，优化了派单系统，确保司机能够更快速、更准确地接到乘客的订单，从而缩短了乘客的等待时间。同时，滴滴还推出了"预约打车"功能，允许乘客提前预约车辆，进一步减少了等待的不确定性。

其次，滴滴注重提高司机的服务质量和效率。通过培训和教育，滴滴帮助司机更好地了解乘客的需求和痛点，提高他们的服务意识。此外，滴滴还引入了评价系统，让乘客对司机的服务进行评价，从而激励司机提供更加优质的服务。

除了技术和服务上的创新，滴滴还积极与合作伙伴共同提高打车服务的效率。例如，滴滴与多家出租车公司合作，共同推广电子支付和智能调度系统，提高了出租车的运营效率和乘客的打车体验。

这些措施的实施，显著提高了滴滴打车服务的效率，缩短了用户的等待时间。根据滴滴的数据统计，用户的平均等待时间已经缩短到了几十秒之内，远远低于用户的耐心极限时间。这不仅提高了用户的满意度和忠诚度，也让滴滴在竞争激烈的打车市场中赢得了更多的市场份额。

在日常生活中，等待似乎无处不在，它常常让人感到无聊、焦虑甚至痛苦。这种等待的痛苦，已经跨越了行业和地域的界限，成为人们普遍面临的痛点。谁能针对这一广泛存在的痛点进行革新，通过创新优化服务流程，进而提升用户体验、有效减少用户的等待时间，谁就能在激烈的市场竞争中脱颖而出，率先占据优势地位。

● 减少用户的选择时间

传统手机品牌诺基亚，曾以庞大的产品线、繁杂的产品型号让用户无所适从，选择困难。

而苹果手机的出现，则彻底颠覆了这一行业规则。它精简产品线，每次只推出一款主打手机，用户只需在颜色、配置上进行简单选择，从而极大地节省了用户的时间。同时，这种策略也使得公司的生产、品质管理和销售变得更为高效。

国内众多采用互联网思维做手机的公司，如小米、锤子等，也纷纷借鉴了苹果手机的成功经验。它们每次只推出一到两款产品，既便于公司管理，又便于消费者选择，实现了双赢。然而，仍有一些厂家固守传统思维，推出高、中、低档上百款产品，试图覆盖所有用户群体。这种贪大求全的产品策略，在当今的市场环境下，无疑是不利于公司发展的。

在当今智能设备普及、技术日新月异的时代，人们对于功能繁复、操作晦涩、选择过多的产品和服务愈发反感。这种趋势深刻揭示了用户需求和心理的变化：在快节奏的生活中，人们不再愿意花费大量时间和精力去研究产品线的差异、揣摩功能的用途，他们更渴望面对简单直接、无须过多思考的选择。

一些敏锐的创业者和公司已经捕捉到了这一需求趋势的演变及其背后的痛点，并据此作出了适时的调整。

因此，替用户作决策、节省用户的时间，已成为当今产品和服务设计的重要原则。只有真正站在用户的角度，理解他们的需求和痛点，才能打造出真正符合市场需求、赢得用户喜爱的产品。

● **满足用户少花钱、多办事的愿望**

小米公司深刻洞悉了消费者的这一心理，并将其作为自身的核心竞争力。无论是手机、平板、电视、小米盒子、移动电源，还是家装领域，小米都秉持着"超低价、超高性能、超高性价比"的原则，打造出了一系列令人瞩目的产品。他们通过软硬件分离的策略，构建了一个完善的生态系统，以销量推动成本降低，从而获得规模优势。

这种独特的商业模式精准地触动了用户追求性价比、不愿过多花费的痛点。凭借这一策略，小米手机在短短三年内便跃居国产手机出货量榜首，展现了其强大的市场竞争力。更为颠覆的是，小米的这种操作思路在理论上可以应用于几乎所有产品领域，这无疑给行业中的竞争对手带来了巨大的压力和挑战。

小米的成功不仅在于产品的性价比优势，更在于其深刻理解并满足了消费者对于"少花钱、多办事"的普遍需求。这种以用户为中心的经营理念，使小米在激烈的市场竞争中脱颖而出，成为众多消费者心目中的优选品牌。

消费者在购买商品或服务时，期望以尽可能少的花费，获得尽可能多的价值。这种心态体现了消费者对性价比的极致追求，他们不仅关注产品的价格，更看重产品的质量和性能。在消费决策中，性价比往往成为消费者权衡利弊、做出选择的关键因素。因此，提供高性价比的产品或服务，成为公司赢得消费者青睐和忠诚的重要途径。

第四章

公司文化，促使公司持续成长的关键

优秀的公司文化是公司的精神支柱

在一家公司中，公司文化就像它的灵魂，是所有员工共同遵循的价值观和信念。公司文化不仅是挂在墙上的口号，更是贯穿公司日常运作的行为指南，是公司持续成长的重要支柱。那些在行业中成功立足的公司，往往具备强大且独特的公司文化。它们以文化为纽带，将员工紧紧联系在一起，共同实现公司的使命。公司文化是一种无形的力量，推动着公司不断前行。

华为之所以能够在全球科技领域取得巨大成就，关键在于"奋斗者"文化。华为的创始人任正非始终强调，公司的成长离不开全体员工的拼搏与奉献。在华为，每一位员工都被称为"奋斗者"。公司鼓励员工不畏艰难、不断挑战自我，为实现公司的宏伟目标而奋斗。

在华为，"奋斗者"文化不仅是一种精神象征，更体现在公司的管理和激励机制中。华为为员工提供了广阔的发展空间和丰厚的回报，同时也要求员工具备高度的责任感和奉献精神。这种"奋斗者"文化推动华为不断突破技术瓶颈，在5G、芯片等关键技术领域取得领先地位。

任正非曾说："胜利一定属于那些不断努力和不断追求卓越的人。"

正是这种"奋斗者"文化的激励,使华为从一家小公司发展成为全球领先的科技公司。

> 比亚迪是一家致力于新能源技术的公司,其公司文化以绿色环保为核心。比亚迪深知,环保和可持续发展是未来的趋势,因此公司从成立之初就将"为地球降温"作为自己的使命。比亚迪的公司文化强调社会责任感,倡导通过技术创新来推动环保事业的发展。
>
> 比亚迪在新能源汽车领域的成功,正是这种绿色环保文化的体现。通过不断研发电动汽车和新能源解决方案,比亚迪为减少碳排放、保护环境作出了重要贡献。这种以环保为核心的公司文化,不仅赢得了市场的认可,也为比亚迪树立了良好的公司形象。
>
> 比亚迪创始人王传福曾说:"只有保护好地球,我们才能真正拥有未来。"

比亚迪以绿色环保为核心的公司文化,体现了其对环保和可持续发展的深刻理解与承诺。通过不断的技术创新,比亚迪在新能源汽车领域取得了显著成就,为减少碳排放、保护环境作出了重要贡献。这种公司文化不仅赢得了市场认可,更树立了良好的公司形象。比亚迪的成功,证明将环保理念融入公司文化,不仅有助于推动环保事业发展,也是公司实现可持续发展的重要途径。

公司文化影响着员工的工作态度与公司的发展方向,甚至决定公司的兴衰成败。因此,构建卓越的公司文化对于公司而言至关重要。那么,如何才能打造出优秀的公司文化呢?

● 明确公司的核心价值观

公司文化的建立首先需要明确公司的核心价值观。这些价值观应是公司创始人和领导团队认可并身体力行的，同时也要能够激励员工，为公司的长期发展提供指导。例如，华为的"奋斗者"文化和阿里巴巴的"客户第一"文化，都是基于公司创始人对公司目标的明确理解和践行。

● 将文化融入日常管理中

公司文化不能仅停留在口号里，而是需要通过具体的管理行为和激励措施来体现。腾讯的"开放与合作"文化体现在每一个业务决策中，而小米的"用户参与"文化体现在每一次产品迭代中。通过将公司文化融入日常管理中，员工会自然而然地认同并实践这些价值观。

● 营造良好的工作环境

良好的工作环境有助于公司文化的成长与传播。华为通过"奋斗者"文化激励员工不断突破自我，比亚迪通过绿色环保的理念让员工感受到工作的社会意义。公司应根据自身的文化特点，营造适合员工发挥潜能的工作环境。

● 领导以身作则

公司文化的建设需要领导层的以身作则。阿里巴巴的马云始终倡导客户第一，腾讯的马化腾注重开放与合作，领导者的行为和态度对公司文化的塑造起着关键性作用。领导者的身体力行会增强员工对公司文化的信任和认同感。

公司文化不仅是公司的精神支柱，也是公司持续成长的动力源泉。优秀的公司文化可以将员工凝聚在一起，激发他们的潜力，实现公司的共同目标。

公司文化不可或缺的"三要素"

公司文化是公司发展的灵魂，是凝聚员工、引领公司前行的无形力量。而要打造优秀的公司文化，离不开三个核心要素：核心价值观、员工关怀和共同愿景。这些要素在公司文化中缺一不可，它们相互支撑，共同促使公司在激烈的市场竞争中立于不败之地。

公司文化的核心在于价值观、关怀和愿景，这三者共同推动公司成长。

● 核心价值观

核心价值观是公司文化的基石，是公司所有决策和行为的依据。公司如果没有明确的核心价值观，就无法统一员工的思想和行动。核心价值观告诉员工公司真正追求的是什么、什么是对的、什么是错的。

> 字节跳动的核心价值观之一是"务实与创新"。字节跳动在短短几年内迅速崛起，成为全球领先的科技公司之一，正是因为其始终坚持"务实与创新"的价值观。公司鼓励员工不断尝试新事物，并允许其在创新中犯错，只要这些尝试最终能够带来更好的用户体验和商业价值。

字节跳动的产品，如抖音和今日头条，都是基于这一核心价值观不断迭代和优化的结果。通过务实的态度和创新的精神，字节跳动不断为用户带来新鲜有趣的内容体验，同时也为员工提供了广阔的成长空间。

而美团的核心价值观之一是"以客户价值为中心"。美团致力于通过技术和服务，为客户创造最大的价值。公司从外卖服务起步，逐步扩展到酒店、旅游、共享单车等多个领域，每一步都围绕着如何更好地服务客户、提升客户体验来展开。

在美团，所有的产品和服务设计都是为了满足客户的需求。员工们深知客户的价值是公司的立足之本，无论是业务运营还是产品开发，客户的体验感始终被放在首位。这种客户价值至上的文化，让美团在激烈的市场竞争中脱颖而出，赢得了大量忠实用户。

● 员工关怀

员工是公司的中坚力量，他们的工作积极性和对公司的满意度直接影响到公司的绩效和发展。关怀员工，激发他们的潜力，是公司文化的重要组成部分。只有当员工感受到来自公司的关怀，愿意为公司付出更多时，公司才能获得真正的成长动力。

京东是一家重视员工关怀的公司。京东在公司文化中始终强调对员工的关怀。从薪酬待遇到职业发展，京东都致力于为员工提供良好的工作环境和成长机会。

京东为员工提供完善的福利体系和广阔的发展空间，特别是在员工的健康保障和家庭支持方面，投入了大量资源。例如，京东设立了员工关怀基金，帮助员工应对突发的健康问题和家庭困难。这种人性化的管理方式，不仅提高了员工的满意度，也提高了他们对公司的归属感和认同感。

● 共同愿景

公司愿景是员工为之奋斗的目标，是公司发展的方向和动力源泉。一个明确而激动人心的愿景，能够将全体员工的力量凝聚在一起，共同推动公司走向成功。

> 拼多多的愿景是"让更多人过上更好的生活"，这一愿景激励着公司通过创新的商业模式为更多消费者提供物美价廉的商品。拼多多致力于通过社交电商模式，连接农民与消费者、优化供应链、提高效率，从而降低商品价格，让更多人享受到实惠。
>
> 拼多多的普惠愿景不仅让员工感受到自己的工作有助于社会公平，也吸引了大量有志于为社会作出贡献的人才加入公司。在这一愿景的指引下，拼多多不仅在短时间内取得了市场份额，还赢得了广泛的用户支持。

优秀的公司文化离不开核心价值观、员工关怀和共同愿景这三要素。核心价值观是公司的基石，指引着公司的方向和行为；员工关怀是公司的温度，激发员工工作的动力和创造力；共同愿景是公司的未来，让员工为之奋斗并为公司的成功感到自豪。这三要素相辅相成，共同构建了公司文化的坚实基础。

从理念到行动，让公司文化落地生根

公司文化绝非一句空洞的口号，也不仅仅是墙上的标语，它必须通过日常的组织行动融入公司的血脉，才能真正影响员工和公司的发展。公司文化的落地，从理念到行动，需要将核心价值观转化为具体的行为规范和实践，让员工在每一天的工作中切身体会到文化的力量。这种转化不是一蹴而就的，而是一个长期的过程，需要公司上下齐心协力地推动。公司文化只有融入实际行动中，才能成为推动公司发展的核心力量。

接下来，我们将借助四个具体的公司案例，详细剖析这一过程，向大家展示如何让公司文化在公司内部生根发芽。

● 品质是京东方的生命线，只有落实到每一个环节，才能赢得市场的信赖与认可

京东方（BOE）作为全球领先的半导体显示技术公司，其公司文化的核心是"品质至上"。这不仅是公司高层的口号，更是贯穿于公司生产、管理各环节的指导原则。为了确保公司文化能够扎根于公司内部，京东方建立了全面的质量控制体系，并在公司内部推行精益管理，以不断提高生产和管理效率。

在京东方，每一位员工都必须严格遵守质量标准。公司通过系统化的培训、全面的质量监控，以及持续改进机制，确保每

一块显示屏都符合国际一流的品质要求。此外，京东方鼓励员工在工作中主动发现问题并积极解决，以精益求精的态度推动公司产品质量的不断提高。

京东方的品质文化不仅体现在生产流程中，还体现在对供应链管理和客户服务的各个环节。公司与供应商紧密合作，确保每一批原材料都是高质量的，并持续关注客户反馈，致力于提高产品质量。通过这些从理念到行动的具体实践，京东方赢得了全球市场的认可，奠定了其在行业中的领先地位。

● 运动精神不仅是品牌的口号，特步通过实际行动让这一理念生动地融入人们的生活

特步是一家中国知名的体育用品公司，其公司文化倡导"运动精神"，积极促进健康生活方式的发展。这一理念不仅体现在其产品上，也融入品牌建设和员工的工作实践中。特步通过支持各类体育赛事和健身活动，广泛传播"运动精神"给消费者和员工。

特步长期赞助马拉松等体育赛事，并积极参与全国性的健身运动，鼓励更多人参与跑步等运动。在公司内部，特步为员工提供多样化的运动设施和健身机会，提倡员工在工作之余保持积极健康的生活方式，并激励他们将运动精神应用于日常工作中。

同时，特步通过推出结合时尚性与功能性的运动装备来激励年轻人参与运动，增加品牌与用户的情感联结。

通过这些具体的行动，特步不仅将运动精神融入品牌中，也使这一理念在员工和消费者的日常生活中落地生根。

● 速度与服务的完美结合，使顺丰的每次派送都成为文化落地的具体体现

顺丰速运以其快速和优质服务著称，其公司文化核心是追求高效和卓越的客户体验。为了将这一理念真正落地，顺丰在运营的每一个环节中追求卓越，从物流运输的速度到客户服务的细致，无一不体现着其文化理念。

顺丰在全国范围内建立了广泛的物流网络，确保每一件快递都能以最快的速度送达客户手中。为了实现这一目标，顺丰持续投入技术资源，提高自动化和智能化水平，并严格培训员工，确保他们具备快速响应和高效执行的能力。此外，顺丰强调"客户至上"的服务理念，要求快递员在每次派送中展现出专业的态度和良好的素质。

这些行动使顺丰将"速度与服务"的文化理念转化为现实，形成了强大的市场竞争力。顺丰的员工们在每日的工作中，用行动诠释了公司对客户的承诺，奠定了顺丰在物流行业中的领先地位。

● 责任文化只有通过具体行动才能得以体现，伊利用品质与公益为公司树立了良好的社会形象

伊利集团是中国乳制品行业的领导者之一，其公司文化强调对社会和消费者的责任。伊利的责任文化不仅体现在确保产品质量方面，还体现在致力于推动社会公益和可持续发展，将这一理念深度融入公司运营的各个环节。

在产品质量方面，伊利实施严格的质量管理体系，从原料采购到生产加工的各个环节进行全面监控，以确保产品的安

全和可靠。同时，伊利还积极参与公益活动，设立"伊利营养2020"计划，向贫困地区的儿童提供营养支持，助力他们健康成长。

此外，伊利致力于减少碳排放，推动绿色生产，通过环保技术升级，在实现可持续发展的路上更进一步。

这些具体行动展现了伊利在履行公司社会责任方面的坚持，也使伊利赢得了消费者的信任和社会的广泛认可。

公司文化的有效落地，并不是靠单纯的宣讲和口号便能实现的，而是需要通过实际行动，将理念深深植入公司的各个环节中。京东方通过质量管理践行"品质文化"，特步用"运动精神"激励员工和消费者，顺丰追求"速度与服务"铸就行业标准，伊利则通过"责任文化"回馈社会。

这些公司的成功经验表明，只有通过具体的行动，将文化理念融入公司的每一个环节，公司文化才能真正成为公司的核心竞争力。未来，只有那些能够成功地将文化从理念转化为行动的公司，才能在激烈的市场竞争中实现持续成长。

取之于经营，服务于经营

在现代公司管理的复杂框架中，经营的核心在于不断地从市场中获取资源，并将其有效地反馈到客户服务中，以实现持续的价值创造。这种取与予的循环是一种双向的资源配置和价值回馈过程。

公司从市场中获取利润，同时将资源重新注入产品和服务体系中，从而高质量地服务客户。这种经营模式不仅仅是为了追求短期利润，更是为了在市场中建立稳固的信任关系，最终实现可持续发展。

要实现"取之于经营，服务于经营"的理念，关键在于构建一个良性循环，使从市场中获得的每一分收益都能成为提高服务质量、增强客户满意度的动力，进而巩固公司在市场中的信任基石，为可持续发展奠定坚实基础。

● 重视客户反馈

青岛啤酒作为中国历史悠久的老字号品牌之一，从市场中获得了丰厚的利润。然而，青岛啤酒并未止步于经营上的成功，而是将这些利润持续投入品牌传承和产品质量提高中，以不断为消费者带来更加优质的体验。青岛啤酒高度重视消费者的反馈，通过不断改进酿造工艺、提高产品品质来回应消费者的需求。

青岛啤酒将品牌文化与产品紧密结合，组织了一系列以消费者为核心的品牌活动，例如广受欢迎的啤酒节，吸引了大量消费者的积极参与，进一步提高了品牌的认同感。通过不断提高产品质量和消费者服务，青岛啤酒在"取之于市场，服务于市场"中形成了一个良性循环，为公司奠定了坚实的市场基础。

积极倾听并将这些反馈转化为推动产品与服务不断改进的强大动力。通过持续迭代升级，提高每一位用户的体验满意度，进而构建出一个高效的"取与予"良性循环：从用户中汲取智慧，再以更优质的服务回馈用户，如此往复，不断巩固公司与用户之间的信任纽带。

● 持续投入核心业务领域

同仁堂，作为中国历史最悠久的中药品牌之一，一直秉持着"取之于民，用之于民"的经营理念。从药材采购到成药制作，同仁堂严格控制每一个环节，将经营所得投入到药材的质量保障和科研创新中，确保消费者得到最优质的中药产品。

同仁堂不仅从市场经营中积累了丰富的经验和资源，还将这些经验和资源持续投入到药材的质量控制和科研创新之中。例如，同仁堂制定了严格的药材甄选标准，以确保每一味药材都符合高品质要求，从而保障消费者的健康与安全。这种模式不仅帮助同仁堂在竞争激烈的市场中赢得了消费者的信赖，同时也树立了中药行业的质量标杆。

公司从市场中获得收益，不仅是对经营成果的肯定，更是对未来发展的投资。将这份收益用于产品品质的提高，不仅能满足消费者日益增长的需求，还能在激烈的市场竞争中脱颖而出。这种从市场收益到品质提高的良性循环，是公司实现可持续发展的关键所在，也是公司不断追求卓越、回馈社会的生动体现。

● 反馈于社会和环境

燕京啤酒通过其经营活动获取了大量利润，但并没有将这些收益全部用于公司的扩张，而是将相当一部分资源用于环保生产设施的改进。燕京啤酒深知，可持续发展是公司长久生存的关键，因此在废水处理、能源节约等方面进行了大量投入，确保生产过程尽可能减少对环境的影响。

燕京啤酒在经营中贯彻环保理念，通过引入先进的生产设备和工艺，降低了碳排放和水资源浪费。这种环保投入不仅使公司在社会责任方面赢得了广泛认可，也进一步增强了消费者对品牌的信任。通过将经营成果用于环保，燕京啤酒在实现公司可持续发展的同时，也为社会的绿色未来贡献了一份力量。

公司的发展离不开社会与环境的支持。燕京啤酒通过对环保项目的持续投入，将经营成果反馈于社会，实现了公司与社会的共赢。这种做法不仅促进了公司的长远发展，也提高了公司的社会责任感与美誉度。

"取之于经营，服务于经营"是一种公司在市场中求存与发展的哲学。它强调公司不应只关注短期的利润获取，而应将经营成果持续反馈到客户服务、技术创新与社会贡献中。

"双向奔赴"才能成就优秀的公司文化

近年来，有网络公司鼓励员工"自愿"减薪，随后又出现部分公司强行组织团建活动，更有甚者，个别公司竟要求新员工剃发以表"忠心"，此等举措实属荒谬。

更令人咋舌的是，员工忠诚度测试竟被奉为"职场秘籍"——"领导试探下属，这几招必试！""HR手中的测试利器，你掌握了几何？"此类文章在网络上泛滥成灾，令人目不暇接。

然而，员工忠诚度岂能仅凭测试衡量？忠诚，这一美好品质与处世态度，体现在员工对公司的行为倾向与心理归属上，是对公司尽心尽力的深刻反映。事实上，员工的忠诚往往是结果导向的。若公司不先自省其身，而盲目采取种种怪异考验，轻则损害双方信任，重则触碰法律底线。

员工是否忠诚，是基于多重因素的综合选择，是一种动态且复杂的行为与心理状态，绝非随意设置的考察项目所能轻易"测出"。

那么，哪种公司能赢得员工的衷心拥护？首要之务，在于守法。一家公司若连基本的法律法规都无法遵守，将强制加班粉饰为员工自愿，把侵犯隐私包装成态度考验，以考察为幌子行侵权之实，又怎能奢求员工的忠诚？其次，公司要尊重员工。近年来，广受好评的公司无不致力于给予员工充分的尊重、温暖与关怀，不断激发并提高他们的工作热情，使他们产生真正的归属感。再者，公司应构建积极向上的公司文化与和谐的工作氛围，远离那些畸形的公司文化。

> 白象食品作为中国老字号食品公司，其成功源于对员工的深切关怀和员工的全情投入。这种"双向奔赴"的关系使白象食品在激烈的市场竞争中稳步发展。白象为员工提供了高于行业标准的薪酬和福利，重视员工的生活与职业发展，尤其在公司困难时期，依然坚持保障员工的利益。

在公司的关怀下，员工们表现出强烈的责任感和敬业精神，尤其是在生产旺季时，员工们加班加点，毫不计较个人辛劳，只为保证产品质量和市场供应。这种公司对员工的关爱与员工对公司的忠诚，是白象食品持续发展的根本动力。

公司文化的构建不是单方面的努力，而是公司与员工之间的

"双向奔赴"。公司应为员工提供关怀与发展机会,员工则通过努力与忠诚回报公司。唯有双方共同努力,公司文化才能扎根于组织之中,形成内外一致的正向互动。

在和谐的劳动关系背后,劳动者与公司的双向奔赴至关重要。在费尽心机设计忠诚度测试之前,公司应先扪心自问:我们为员工做了什么?毕竟,这世上没有无缘无故的忠诚。唯有以真心换取追随、以诚意培育忠心,方为公司明智的选择。

那么该如何才能实现"双向奔赴"的公司文化?

● 公司应主动关怀员工

公司文化的根基在于对员工的关怀。公司若想获得员工的全身心投入,首先需要主动关注员工的生活与成长。像白象食品所做的,通过切实的关怀行动让员工感受到公司的真诚,员工才会心甘情愿地为公司付出。

● 提供成长与创新的机会

提供成长与创新的机会是实现"双向奔赴"的关键。公司应不断为员工提供学习、培训和发展的机会,让他们在工作中不断成长,实现自我价值。同时,鼓励员工积极创新,为公司的持续发展注入新的活力。

● 建立合理的激励机制

建立合理的激励机制是实现"双向奔赴"的重要手段。公司应通过设立公正的绩效评价体系和合理的奖励制度,激发员工的积极性和创造力。让员工的付出得到应有的回报,从而提高他们对公司的认同感和归属感。

第五章

明确目标方向，强化团队执行力

好目标能激发员工的行动力

在公司管理学的领域中,清晰明确的目标被公认为是推动团队不断前进的首要驱动力。它不仅为团队指明了前行的方向,更作为一股强大的激励力量,促使团队成员勇于突破自我限制,不断追求更高的成就与卓越表现。

● 设定明确目标的优势与益处

(1)使团队成员了解自己需要完成的任务、时间节点以及执行方法

为了确保团队的高效运作与目标的顺利实现,使团队成员充分明确自己所需完成的任务、具体的时间节点以及详尽的执行方法至关重要。这要求管理者在任务分配之初,就与每位成员进行深入沟通,清晰阐述任务的目标、重要性以及期望达成的成果。同时,明确设定每个阶段的关键时间节点,帮助团队成员合理规划工作进度,确保任务能够按时推进。

例如,阿里巴巴在"双十一"购物节期间确立了明确的销售目标,即超越上一年的销售纪录。这一目标不仅明确,且富有挑战性,使得技术、运营、客服等各个团队都围绕这一目标高效协同。

阿里巴巴通过将整体目标分解为各个部门和团队的具体任务和KPI(关键绩效指标),让每位员工都清楚自己的任务,以及如何为

总体目标的实现作出贡献。这种目标的分解方式大幅度提高了工作效率，同时有效激发了员工的斗志与工作热情。

（2）让每个团队成员找到归属感

一个明确的目标可以提高员工的归属感，尤其当员工意识到自己的努力对于实现公司目标至关重要时，执行力会更加强大。

例如，京东在物流系统建设的过程中面临巨大的配送压力。为了实现"次日达"的服务承诺，京东设定了建立全国最先进物流网络的目标。

这一目标让每一位物流员工深刻认识到自己的重要性。从配送员、仓库管理员到物流调度员，他们明白每一次努力都在帮助公司实现对客户的承诺。这种明确的目标使得京东的物流团队不断优化工作流程，最终打造了行业一流的物流网络。

● 设定好目标的关键因素

（1）目标要具体且可衡量

模糊的目标往往会导致团队困惑，不知如何着手。公司在制定目标时，应当确保目标具体且可衡量。例如，字节跳动在其视频业务上设立了"提高用户日均使用时长至2小时"的明确目标。这样的量化目标使得团队可以准确评估工作成效，并据此进行策略调整。

（2）目标要与公司愿景一致

好的目标应与公司的长期愿景保持一致。例如，蒙牛的愿景是"成为消费者信赖的乳制品品牌"。基于这一愿景，蒙牛制定了提高产品质量、扩大市场份额等具体目标。这些短期目标与公司愿景相辅相成，既为团队提供了切实的方向，也使员工对公司的未来发展充满信心。

（3）目标要具有激励作用

目标不应过于简单，也不应遥不可及。适度的挑战性目标能够有效地激励团队成员。例如，特斯拉的目标是成为全球最具影响力的电动汽车品牌，这一宏伟目标尽管富有挑战性，却让每位员工深感自身工作的价值所在，激发了他们无尽的激情与创造力。

● 目标实现后的激励与反思

在目标达成后，及时的激励和反思极为重要。激励是对员工付出的肯定，而反思则能帮助团队从目标的执行中总结经验与教训。

例如，海尔集团在实现项目目标后，非常重视对团队的激励与经验总结。通过奖金、荣誉称号等形式，海尔对实现目标的团队给予充分的认可。同时，海尔会组织项目复盘，找出执行过程中的亮点与不足。这种及时的激励和深度反思，使得团队成员在获得成就感的同时，不断优化自身能力，推动团队整体进步。

一个好的目标能够为团队指明前进的方向，激发出巨大的行动力，是强化团队执行力的关键所在。在公司管理中，目标的制定不仅要明确，还需要具备挑战性与可衡量性，这样才能充分激发团队的潜能。

好的目标能够让团队上下齐心，共同朝着同一个方向奋进；好的目标能够为员工的工作赋予意义，使员工在实现目标的过程中找到自我价值。

做好目标分解，明确执行计划

在公司管理中，"目标分解"和"执行计划"的重要性不可小觑。一个伟大的目标如果没有清晰的分解步骤和具体的执行计划，最终可能会成为一句空谈。公司想要实现宏大的愿景，必须学会将目标逐步分解，并且将每一个小目标落实到实际的执行计划上，这样才能真正做到从理想到现实，推动公司前进。

格兰仕是中国领先的家电制造公司，其国际化扩展就是一个典型的目标分解与执行计划的案例。为了实现国际市场的突破，格兰仕制定了走出国门、开拓全球市场的目标。这个目标宏伟而远大，但格兰仕并没有贸然前行，而是将其逐步分解为多个阶段。

格兰仕首先从东南亚市场入手，将全球化目标分为不同的区域阶段：东南亚、非洲、南美洲，最终进入欧洲和北美市场。每一个阶段都有清晰的目标，例如，获得当地市场的认可、建立稳定的销售渠道以及合作伙伴关系。为实现这些阶段性目标，格兰仕制订了详细的执行计划，包括如何选择合作伙伴、如何根据市场需求调整产品策略、如何应对各个国家的政策法规等。

正是通过这样细致的分解和执行，格兰仕从一个地方性家电品牌，逐步成长为在全球市场上有重要影响力的家电制造公司。格兰仕的成功表明，国际化并不是一步登天，而是一步一个脚印，逐层分解目标、逐步达成的。

■ 那么如何才能做好目标分解、明确执行计划呢？

● 细化并量化阶段目标，构建目标体系

在管理学中，将整体目标细化为一系列具体、可量化的小目标至关重要。这些小目标应形成一个逻辑清晰、相互关联的目标体系，确保每一步的进展都能被准确衡量。通过设定可量化的指标，如销售额、市场份额、客户满意度等，公司可以更加精准地评估团队的表现，并及时调整策略以应对挑战。同时，这些小目标的达成也能为团队带来持续的成就感，激励他们不断向更高的目标迈进。

● 制订全面而详尽的执行计划，确保资源优化配置

一个成功的执行计划不仅需要明确的时间节点和责任人，还需要对资源进行合理分配。这包括人力资源、财务资源、物资资源等。在管理学中，强调资源的优化配置和高效利用，确保执行计划能够顺利实施。此外，执行计划还应包含风险管理策略，以应对可能出现的挑战和不确定性。通过制订全面而详尽的执行计划，公司可以确保每一步都得到有效执行，同时降低潜在的风险和成本。

● 持续跟踪进度，建立反馈与调整机制

在管理学中，持续跟踪进度并建立有效的反馈与调整机制是实现目标的关键。公司应定期评估进展情况，通过收集和分析数据来监测目标的实现程度。同时，建立一个开放的沟通渠道，鼓励团队成

员提出问题和建议,以便及时发现问题并采取相应的解决措施。此外,公司还应根据市场变化、内部调整或外部环境的变化,灵活调整执行计划,以确保目标始终与实际情况保持一致。这种持续的跟踪与调整过程不仅有助于实现目标,还能提高公司的适应性和竞争力。

公司目标与个人目标保持一致

在公司管理中,公司目标与个人目标的一致性是实现持续成功的关键。员工只有在公司愿景中看到自己的发展方向,才能更好地发挥潜力,推动公司前行。反之,公司也应为员工的成长提供平台和资源,只有这样,才能形成公司和员工"双赢"的局面。

海尔集团的"人单合一"模式是公司目标与个人目标保持一致的经典案例。在海尔,"人单合一"意味着每一位员工都是独立的经营者。员工的工作目标不仅要完成公司的任务,更要实现自我的价值与追求。海尔通过这种模式,让每位员工都与公司的整体目标结合在一起。

例如,一位海尔的销售人员,他的目标不仅是销售产品,还要通过客户满意来获得更高的销售业绩,并因此获得个人成长和物质回报。这种模式让员工能够以主人翁的精神对待工作,将自己的成长和公司的成功紧密联系在一起。

"只有把员工的目标和公司的目标结合起来,才能发挥最大的潜力。"

海尔的这一理念使其在全球市场中占据了有利位置，成就了无数个体与海尔整体的共同进步。

■ 那么如何才能实现公司与个人目标的一致？

● 清晰的目标传达与沟通

公司要确保公司目标和个人目标相一致，首要任务便是清晰、准确地传达公司的目标。公司需要将整体目标分解为各个层级的具体目标，确保每个员工都能明确自己的职责和期望成果。这种沟通不仅有助于员工找到自己在公司发展中的位置，还能让他们看到自己的工作如何与整体目标相契合，从而提高他们的责任感和使命感。

通过清晰的目标传达与沟通，公司能够构建一个共同奋斗的团队，使每个员工都明确自己的方向和目标，形成强大的凝聚力和向心力。这样的团队将更加高效地协同工作，共同推动公司向着既定的目标前进。

● 提供职业成长机会

公司要持续发展，离不开员工的持续成长。因此，为员工提供广阔的职业发展平台，不仅是公司吸引和留住人才的关键，也是激发员工潜能、共创未来的重要途径。

完善的培训体系是职业成长的基础。公司应针对不同岗位和职级，设计有针对性的培训课程，帮助员工掌握新知识、新技能，提高他们的专业素养和综合能力。这样的培训不仅能让员工更好地适应当前的工作，还能为他们的未来职业发展打下坚实的基础。

除了培训体系，明确的职业晋升路径也是激发员工工作热情的重要因素。公司应为员工规划清晰的职业发展路径，让他们看到自己的成长空间和发展前景。通过设立不同的职级和岗位，以及相应的晋升标准和要求，公司可以引导员工不断追求进步，实现自我超越。

此外，公司还可以提供多样化的职业发展机会，如跨部门轮岗、海外研修、项目负责等，让员工在不同的领域和环境中锻炼自己、开阔眼界、提高综合素质。这些机会不仅能让员工感受到公司的关怀和重视，还能激发他们的创新精神和挑战精神，为公司的持续发展注入新的活力。

● 建立有效的激励机制

激励机制是确保公司与个人目标紧密相连、共同发展的核心策略。一个设计合理的激励机制，能够充分激发员工的积极性和创造力，使他们的努力方向与公司的战略目标高度一致。

股权激励是一种长期且有效的激励方式。通过向员工提供股票期权或股权份额，公司可以将员工的利益与公司的长远发展紧密地绑定在一起。当公司价值提升时，员工手中的股权价值也会随之提升，从而激励他们更加关注公司的长期成功，并为之付出努力。

绩效奖金则是一种短期且直接的激励手段。通过设立明确的绩效指标和奖励标准，公司可以根据员工的实际表现给予相应的奖金回报。这种即时的反馈和奖励能够激发员工的积极性和竞争意识，促使他们更加努力地追求高绩效，从而推动公司目标的实现。

除了股权激励和绩效奖金，公司还可以探索其他多种激励方式，如员工持股计划、利润分享、职业发展机会等。这些激励方式可以根据公司的实际情况和员工的需求进行灵活组合，以形成全面且有效的激励体系。

重要的是，激励机制的建立应基于公平、透明和可持续的原则。

公司应确保激励标准的公正性，让员工感受到自己的付出能够得到应有的回报。同时，激励机制的建立也应考虑公司的长期发展和可持续性，避免过度激励导致的短期行为或风险积累。

在战略目标不变的情况下调整策略

在现代商业环境的高速变化中，公司为保持竞争力，必须在战略目标坚定不变的前提下，不断调整和优化具体实施的策略。战略目标代表公司发展的核心方向，是公司长期追求的宏大愿景，而策略则是实现这一目标的路径和手段。在市场条件高度不确定的情况下，策略的动态调整变得至关重要，但战略目标的恒定性必须得到坚守。

联想集团始终以成为全球领先的科技公司为战略目标。然而，在早期的国际化进程中，联想发现中国市场的成功经验并不能简单地复制到海外。为了有效地突破全球市场，联想灵活调整了其国际化策略，采用"全球化与本地化相结合"的双重战略来适应不同市场的需求。

联想通过并购IBM的PC业务，获取了先进的技术与市场资源，同时借助IBM的品牌影响力加快了全球业务的拓展进度。为了更好地融入当地市场，联想在各个国家成立了本地化团队，深度理解和适应当地文化与消费习惯，从而使得产品更符合当地消费者的需求。这一策略调整确保了联想在坚持全球化战略目标的同时，能够灵活应对各地的市场复杂性与差异性。

通过这个案例我们不难看出，在战略目标不变的情况下，灵活调整策略是应对市场多样性的有效手段。

在战略目标不变的情况下调整策略，是公司适应环境变化、保持竞争优势的重要手段。以下是在此情境下调整策略的一些建议：

● 建立环境变化预警系统

公司应建立战略预警系统，及时监控和分析外部环境的变化。例如，政策法规、市场需求、竞争格局等。这一系统可以帮助公司准确评估各阶段的战略完成情况和完成效率，为策略调整提供决策依据。

● 提高战略自适应能力

公司需要提高对环境变化的感知和适应能力。管理者应了解环境对组织战略的影响，分析各种环境因素，并作出相应的反应。通过有效整合内外部资源，公司可以提高整体战略灵活性，从而更好地应对环境变化。

● 运用目标管理方法

在战略目标不变的情况下，公司可以通过调整战术层面的目标来适应环境变化。例如，利用OKR（目标与关键结果）方法，在每个季度或更短的时间周期内设置具有挑战性的目标，并明确关键结果指标。这些指标应能确保战略目标的持续推进，并在必要时进行微调。

● 优化资源配置

根据新的市场环境，公司需要重新审视和配置资源，以确保资源的有效利用和战略目标的实现,这可能包括调整预算分配、优化人力资源配置、改进生产流程等。

● 加强内部沟通与协作

策略调整需要公司内部各部门的紧密配合和协作。公司应建立有效的沟通机制,确保各部门了解战略目标和调整方向,达成共识,共同推动策略的实施。

● 保持核心竞争力和战略定力

在调整策略的过程中,公司应保持核心竞争力和战略定力,避免盲目跟风和频繁变动。核心竞争力和战略定力是公司长期发展的基石,也是实现战略目标的重要保障。

● 持续监测和调整

策略调整是一个持续的过程。公司应建立监测机制,跟踪策略实施的效果,并根据市场反馈和公司内部情况进行必要的调整。通过持续优化和改进,公司可以确保策略的有效性和适应性。

和团队成员讨论关键结果

在团队管理中,讨论关键结果是不可或缺的组成部分。无论是项目阶段性的完成还是最终目标的实现,团队成员之间的沟通和反馈都是推动进步的核心动力。这一过程需要坦诚且有效地交流,既是对工作成果的评估，也是团队精神的凝聚与思维的碰撞。讨论关键结果不仅帮助团队了解差距和不足，还能使每个成员更加清晰地看到未来的发展方向及其在团队中的角色。讨论关键结果不应是指责与追责的过程，而是团队共同寻找改进契机的时刻。

> 谷歌的成功离不开其独特的目标管理方式——OKR（目标与关键结果）。在谷歌，OKR不仅是公司层面的战略工具，更是团队与个人用于对齐目标与跟踪进展的核心方法。谷歌的团队每季度都会定期讨论各自的关键结果，以确保所有人的努力与整体目标保持一致。
>
> 在这些讨论中，团队成员开放而坦诚地反馈关键结果的完成情况。如果某项关键结果未能实现，团队深入分析原因，并制定具体的改进措施。这样的机制让目标变得透明，且显著提高了团队成员的参与感和责任感。
>
> "OKR是谷歌对齐目标的指南针，而定期的关键结果讨论，则是校准这一指南针的工具。"
>
> 通过这些讨论，谷歌的每位成员都能清晰理解自己在整体战略中的角色，并为公司的成功贡献力量。

每位团队成员都是实现整体目标的重要环节。讨论关键结果的首要目的在于确保所有成员对当前的目标和进展有一致的理解，同时提供一个平台来展示个人的努力成果。通过这种讨论，成员能够分享经验、认识问题、共同寻求解决方案。这种过程既是相互激励的机会，也是推动团队持续成长的必要路径。

通过讨论，团队成员可以清晰地了解项目当前的状态以及每个人的具体贡献。这不仅提高了个人的责任意识，还使团队更加具有凝聚力。关键结果的讨论过程也是聚焦共同目标的过程，讨论得越深入，团队目标越明确，成员间的协作越有成效。

"关键结果的讨论，是团队洞察自身状态和方向的一面镜子。"借助这种集体反思的机会，每个成员能够看清自己的价值以及如何更好地为团队目标作贡献。

以下为实现高效讨论要遵循的基本原则：

● 充分的准备

在进入讨论前，所有团队成员必须对讨论的关键结果有全面的了解。准备充分意味着每个人都明确既定目标、当前进展以及存在的挑战。讨论前的准备不仅能够节省讨论时间，还能确保每个成员在讨论中都能够作出有效贡献。

例如，一个销售团队在季度业绩回顾会议前，成员需要提前收集数据、分析销售趋势以及总结个人表现中的得与失。充分的准备使讨论更加聚焦，成员能够明确下一步的优化方向。

● 坦诚而建设性的沟通

在讨论关键结果时，最重要的就是坦诚。问题和不足并不可怕，最令人担忧的是回避和掩盖。只有坦诚地面对挑战，团队才能找到合适的解决方法。在坦诚沟通的基础上，讨论应保持建设性，重点在于找到解决方案，而非责备。

例如，技术开发团队在发现某个模块进度落后时，应坦诚指出拖延的原因，并共同讨论如何通过增加资源或调整计划来解决问题。这种坦诚的交流不仅使团队更加团结，也使每个成员看到了问题解决的可能性和团队的支持。

● 聚焦核心而非琐碎

讨论关键结果的目的是确保项目朝着正确的方向前进。因此，必须关注核心问题，而不是陷入琐碎的细节。讨论应重点关注最关键的指标、最大的障碍和最重要的机会点。那些可独立解决的小问题，应留到讨论之后处理。

一个项目管理团队在讨论进展时，必须聚焦于交付时间和质量目标，而不应在一些不重要的问题上浪费时间。这种聚焦确保团队的注意力始终集中在那些决定项目成败的因素上。

● 制订明确的行动计划

讨论关键结果的目的不仅在于回顾过去，更在于为未来制订明确的行动计划。每次讨论结束后，团队应明确接下来的任务是什么、由谁负责、何时完成，明确的责任分配使讨论结果得以真正落实，推动团队整体目标的达成。

例如，产品团队在讨论用户反馈后，明确在未来两周内对特定功能进行优化，由指定的成员负责。明确的行动计划将讨论从理论层面转化为具体实践，产生实际的效果。

目标太多等于没有目标

目标是指引前行的灯塔，但当目标过多时，就如同进入了无数个岔路口，造成方向不明、行动分散。

诺基亚曾是全球手机市场的绝对领导者，但其衰败在很大程度上可以归因于战略目标的多重性和由此带来的方向混乱。在智能手机浪潮兴起之际，诺基亚既想维持功能手机的市场优势，又试图在智能手机领域与苹果、三星竞争。然而，在IOS和安卓系统迅速崛起的情况下，诺基亚未能集中资源在任何一个方向实现突破，反而在多个技术平台之间分散精力。

诺基亚先后尝试了Symbian、MeeGo和Windows Phone等多个操作系统，但没有一个能够真正成为市场的主流。其过多的目标和未能明确的聚焦，最终导致了诺基亚精疲力竭，丧失了市场的主导权，最终被迫将手机业务卖给微软。

"目标太多，反而失去了方向。"诺基亚的失败告诉我们，如果不能专注于一个清晰的目标，公司在激烈的市场竞争中便难以胜出。

褚时健的人生故事同样诠释了"目标专一"的重要性。在经历过人生的沉浮后，褚时健选择了在云南种橙子。彼时，他已年过七旬，但他心中只有一个目标——种出最优质的橙子。在这个目标的引领下，他带领团队不遗余力地研究土壤、气候与水分的最佳搭配，关注每一个细节。

褚时健没有被其他可能的商业机会干扰，他的全部精力都投入到橙子的种植和品质提高中。最终，"褚橙"成为中国最受欢迎的高端水果品牌之一，赢得了广泛的市场认可。正是因为专注，褚时健在晚年重新取得了成功。

褚时健的人生经历向我们展示，无论处于人生的哪个阶段，保持对目标的专注与执着，是通往非凡成就的重要途径之一。

● 目标过多 = 没有目标

（1）分散精力，难以突破

目标过多会导致精力分散，难以在任何一个方向上做到极致。诺基亚的案例表明，过多的目标使得公司无法集中资源，从而陷入困境。专注意味着将有限的资源用在最重要的领域，从而实现深度突破。

（2）优柔寡断，缺乏决策力

面对过多的选择，人们往往会优柔寡断，缺乏决策的果断性。公司也是如此，如果管理层没有明确的方向，组织就会在关键时刻失去决断力，错失市场机遇。

（3）缺乏品牌辨识度

目标过多还会使品牌形象模糊不清。像小米、特斯拉和褚橙，它们在初期都坚持一个明确的目标，这使品牌形象深入人心。如果公司在初期试图覆盖多个领域，反而会让消费者感到混乱，无法形成独特的品牌认知。

● 如何做到目标专注

（1）明确并坚守核心目标

公司和个人在追求发展的道路上，首要任务是确立一个清晰、具体且富有挑战性的核心目标。这个目标不仅是行动的指南针，更是激励团队和个人不断前进的动力源泉。它像一座灯塔，指引着我们在复杂多变的市场环境中保持方向，避免迷失。

特斯拉以推动电动汽车普及为核心目标，褚时健则以打造高品质橙子为追求，这些明确的目标为他们的成功奠定了坚实的基础。

坚守核心目标，意味着在面临挑战和困难时，我们能够保持初心，不偏离主航道，持续向目标迈进。

（2）合理且高效地分配资源

资源是有限的，而机会似乎无穷无尽。因此，合理且高效地分配资源成为实现目标的关键。这意味着公司需要对目标进行优先级排序，将有限的资源（如资金、人力、时间等）集中在最重要的目标上。通过集中投入，可以在某一领域或项目上实现深度挖掘和精细打磨，从而在该领域达到卓越水平。同时，合理的资源配置还能避免资源浪费和效率低下，确保每一分投入都能产生最大的价值。

（3）坚定信念，抵制诱惑

在追求目标的过程中，很多公司难免会遇到各种机会和干扰。这些诱惑可能来自市场的新趋势、竞争对手的动态，或是内部的不同声音。然而，真正的成功往往属于那些能够保持定力、坚定信念、抵住诱惑的人。这意味着公司需要对自己的核心竞争力和优势有清晰的认识，明确自己最擅长的事情，并专注于此。在面对诱惑时，要学会权衡利弊、理性分析，确保行动始终与核心目标保持一致。只有这样，才能在纷繁复杂的市场环境中保持清醒的头脑、坚守初心，最终取得成功。

运用 SMART 分析法，明确发展目标

对于公司的运营而言，确保将总体目标有效分配至各个部门及员工，并围绕职责目标与执行策略达成共识，是推动公司高效运作

的关键动力。

当公司的整体目标回归实际,并集中精力于核心业务后,关键在于将其付诸实施。遗憾的是,许多公司虽投入大量心血成功设定目标,却因后续执行不力,导致目标无法转化为实际行动。这往往源于管理层未能深入理性分析,未将全局目标细致拆解至各部门乃至个人层面。事实上,目标的细化程度越高,越能激发公司整体的执行力。

SMART原则强调,目标应具备明确性、可达成性、结果导向性、时限性这四大特征。公司在制定目标时,唯有遵循这些原则,方能实现预期效果。接下来,我们将深入探讨这四大特征在公司运营中的具体实践方式。

● 目标要具体

为了在限定的时间内为承担任务的部门或员工提供一个清晰且具体的指引,所设定的时间段应确保能够实现一个短期目标。这样的安排既为部门或个人带来了一定的压力,又激发了他们完成任务的动力,促使他们集中精力投入工作。实验结果表明,相较于接收到宏观或模糊目标的部门或员工,那些接收到具体目标的部门或员工更有可能在既定的时间段内完成工作任务。

为了确保公司内部员工能够将目标细化并具体落实,首先,需要明确某一阶段的主要目标是什么、确定执行该目标的时间周期有多长;其次,识别出执行该目标的最佳人选是谁、明确操作的主要目的是什么;最后,探索如何操作才能更加高效。只有当这些问题都有明确答案时,目标才能被视为具体且可行的。只有将每一步的任务都精心规划并妥善安排,才能避免在执行过程中因某一个环节的模糊不清而导致整个目标受到影响。

目标细化表	
目标是什么？	确保目标在规定时间内保质保量完成 合理安排工作进度 明确具体工作对象 明确具体操作方案 明确和目标产生关联的其他问题
执行目标的周期是多久？	明确目标执行具体的起始、结束日期 明确各阶段规定时间内需要完成的工作任务 明确遇到突发事件可以宽限的日期以及应变措施
执行目标的合适人选是谁？	谁的操作熟练程度更高？ 谁最有经验？
操作的目的是什么？	明确为什么要执行这个目标 明确任务完成后可能创造的收益 任务完成之后，创造的产品或服务是否能被客户接受
怎样操作更有效率？	怎么做最省时省力？

从这个表格中可以清晰地看出，要实现目标的具体化，必须完成一系列细致入微的工作。任何一个细节的疏忽，都可能导致混乱局面的出现。因此，做好充分的准备工作是至关重要的。这样，在执行过程中就能避免不必要的困扰，从而确保目标能够保质保量地完成。

● 目标可度量

公司所设定的任何目标都必须包含可量化的衡量标准，以确保每项任务都能达到公司所期望的成效。缺乏这样的标准，将难以实现目标的一致性管理。在目标管理的整个过程中，公司应特别关注时间、数量以及质量这三个核心量化维度。在目标开始执行之前，需依据目标的实际情况及基本操作流程，来设定这三个关键指标。

三个关键量化指标	
时量	达到目标的时间量
数量	完成工作的数量
质量	完成工作的程度与标准

要求目标可量化是明确各岗位职责的关键途径，而不可量化的目标即便能够完成，也往往难以在时间和质量上达到要求。在此，要提醒大家注意的是，公司的量化标准应尽可能数据化（这些数据最好经过多方面的验证。例如，艺培学校招生人数，应根据相同公司的规模和招生范围来制定数据标准。如果数据未经调研和验证，就可能不准确，从而误导员工，使整体目标出现偏差），以确保员工对标准界限有清晰的认识。

● **目标要具有可实现性**

如果目标无法实现，则其存在便毫无意义。公司在制定全局目标时，必须考虑其实现的可能性。当目标被分解至部门或员工层面后，同样需要评估这些小目标的可行性，并结合部门或员工的实际情况，在适当的范围内实施，以避免员工在追求目标之外的事务上消耗过多精力。

目标的可实现性应确保在部门或员工的能力范围之内。若目标过于简单，无法对部门或员工的能力构成挑战，那么目标本身就失去了其应有的意义。试想，如果公司为员工设定的目标能够非常轻松实现，员工可能会因目标缺乏挑战性而丧失斗志，这不利于公司整体战斗力的提升。

当然，目标也不应脱离实际，否则员工经常面对难以实现的目标，就会承受过大的压力，进而在工作中失去积极性。

目标管理并非易事，领导者需要善于寻找并应用有效的方法进行管理，而 SMART 分析法是一个极佳的选择。

站在更高的视野，预见不确定性挑战

"不谋万世者，不足以谋一时；不谋全局者，不足以谋一域。"在团队发展的征途中，那些胸怀大局的领导者，犹如指引方向的灯塔，不仅为团队注入灵魂，更是引领团队迈向成功的核心力量。他们深知，领导者的角色远不止于日常管理的琐碎，更在于对全局的深刻洞察与前瞻布局。

作为团队的领航者，既要紧密维系内外部的和谐共生，又要勇于面对复杂多变的环境挑战。而大局观，这一优秀领导者必备的素质，正是决定团队能否行稳致远的关键因素。大局观意味着超越眼前的得失，以历史的深邃和未来的广阔为视角，辩证地审视每一个决策与行动。

领导力的"领"，是方向的指引、是愿景的描绘，让团队明确前行的目标与路径；而"导"，则是方法的传授、是策略的制定，确保团队每一步都走得坚实有力。领导力，这一基于个人能力与人格魅力的影响力，不仅塑造着领导者的角色，更在无形中推动着公司的发展与团队成员的成长，构成了一个动态的影响过程。

优秀的领导力，是全局发展的基石。常有团队领导者感慨："作为员工时我游刃有余，但成为领导者后却倍感压力，或许我并未有领导之才！"然而，领导才能并非天生，后天的磨砺与学习才是通往卓越的必经之路。

对于团队的领导者而言，以高位、全局的思维格局为基石，结合所在行业的独特属性，进行整合、学习与应用领导力要素，是通往成功的关键。相较于大公司，团队领导者面对的部门结构与合作网络更为简洁，直接关联的人群主要聚焦于员工与客户，这两大群体，如同团队运转的双轮，驱动着公司不断向前。因此，团队所需的领导力更为精准、垂直，其培养人才与学习方法不能简单复制其他行业的模式，而需通过具体事件的复盘与总结，逐步内化为自身的能力。

单一维度的思考，或许能暂时解决问题，但难以杜绝同类问题的再次发生。唯有站在更高维度，才能洞察问题的本质，找到避免问题复发的根本方法。因此，作为公司的最高管理者，团队领导者必须具备跳出问题看本质的能力，预测未来可能遇到的同类挑战，从根本上寻求解决策略。

从公司的初创、运营、发展到蜕变，团队领导者会面临层出不穷的问题。他们需要在解决基础问题的过程中，逐步升级到更高层次的问题思考。例如，对于艺术培训机构的校长而言，处理孩子的续费、优惠、试课、家长退费等日常事务，并非必须亲力亲为。校长应逐步摆脱这些琐碎事务的束缚，以便有更多精力去思考关乎校区长远发展的深度问题。只有当校长从日常杂务中解脱出来，校区也能实现自动化运转，这样才达到了最佳运营状态。

优秀的团队管理者，必须具备身居高位的视角和思维，这是公司未来发展的希望所在。那么,团队领导者应从哪些方面着手提升自己的领导维度呢?

● 持续关注行业发展动态

古人云:"不识庐山真面目,只缘身在此山中。"作为团队的领路人,领导者的认知高度决定了公司的上限。如果思维滞后于时代,无法全面把握事物本质,或始终无法洞悉行业整体格局,那么公司也将难以与时俱进。因此,团队领导者必须不断更新自己的行业认知,以身作则,引领团队不断创新,确保公司在时代的浪潮中稳健前行。

● 提高沟通能力,充分发挥"桥梁"作用的最大效能

团队领导者在公司中扮演着"桥梁"的角色,连接着员工与客户,与员工沟通不畅容易产生信息隔阂,与客户沟通不畅则可能导致客户流失。因此,团队领导者必须努力提高自己的沟通能力,使自己的语言更具感染力和说服力,这对于公司未来的发展至关重要。

● 要学习与行业需求紧密相关的领导力通识

与大公司的领导者不同,团队领导者往往没有经历过层层选拔和历练。很多团队领导者在成为老板后,仍然延续着员工时期的思维方式,导致公司的发展更多地依赖于老板个人的能力,而与员工无关。团队领导者应该结合自己公司的发展阶段和组织架构,有针对性地学习领导力的通识法则和能力。这意味着要深入了解领导力的基本原理和实践方法,同时结合公司的实际情况进行灵活运用。通过不断学习和实践,团队领导者可以逐渐掌握领导力的精髓,提

高自己的领导水平。

此外，团队领导者还应注重团队建设与人才培养。一个优秀的团队是领导者成功的基石。团队领导者应该关注团队成员的成长与发展，为他们提供必要的培训和支持。同时，要建立良好的团队氛围，激发团队成员的积极性和创造力。通过团队建设和人才培养，团队领导者可以打造出一支高效、协作的团队，为公司的持续发展提供有力保障。

在应对不确定性挑战时，团队领导者还需要具备灵活应变的能力。市场环境的变化、竞争对手的举措、客户需求的改变等都可能对企业产生影响。团队领导者需要密切关注这些变化，及时调整策略和行动方案，同时，要保持积极、乐观的心态，鼓励团队成员共同面对挑战，寻找解决问题的最佳途径。

第六章

品质铸就品牌,用心打造每一个产品

品质和诚信是品牌的核心

很多品牌都曾一夜之间声名鹊起,但能从短暂的"网红"蜕变为经久不衰的品牌,却是凤毛麟角。

品牌,依据《新华字典》的解释,是商品牌号与商标的统称。简而言之,品牌作为商品的信誉标志。其中,商品牌号指代厂商名称或公司标志;而商标则是依法注册后,赋予品牌专有使用权的一种法律认证。商标作为公司产品或服务的象征,其表现形式多样,涵盖文字、图形、字母、数字、三维标志、颜色组合、声音特效,以及这些元素的创新组合。商品牌号与商标有时融于一体,有时各自独立。

以宝洁和海飞丝为例,宝洁代表商品牌号,而海飞丝则是其旗下的商标。同样,华为、小米、海尔等品牌,既代表了公司的商品牌号,也直接作为商标使用。要深入探究品牌的本质,我们需追溯其起源与发展历程。

现代意义上的图形品牌标志(LOGO)可追溯至宝洁公司。宝洁自 1837 年创立之初,便在帆布上印制了一个显著的标志——一个巨大的圆圈内嵌五星(后演变为宝洁的标志性星月标志),这标志着首个融合图形与字母组合的现代品牌标志的诞生,其初衷是为了区分自家产品。随着产品销量的不断增长,宝洁开始将品质承诺融入品牌,从而赢得了消费者的广泛青睐。

而现代品牌商标的雏形,则出现在 19 世纪的英国。1875 年,英国啤酒酿造商设计了 William Bass 的三角标志，这不仅是品牌标志的先驱，也是《英国商标注册法》颁布后的首个注册商标。这一标志被制成标签贴在啤酒瓶上，用以区分无商标的啤酒产品。有趣的是，这一品牌形象甚至被 19 世纪印象主义奠基人之一爱德华·马奈融入他最后的一幅画作中。

纵观品牌的演变历程，我们不难发现其三大共性：首先，品牌的存在是为了区分自我与他人；其次，品牌的核心载体最初为名字，后逐渐扩展为符号、图形、声音等多元组合；最后，品牌的根本在于代表商家对产品品质的坚定承诺。品牌自诞生之日起，便是为他人而设，旨在便于消费者识别与区分同类产品。

由此可见，一个品牌若想在竞争激烈的市场中屹立不倒，除了依赖有效的市场营销与广告宣传外，更为关键的是产品的卓越品质及公司对消费者的诚信。以下，我们将通过两个公司实例，深入剖析品质与诚信对于品牌建设的重要性。

● 品质是品牌的基础

海尔的成功，离不开其对产品品质的极致追求。早在 1985 年，海尔有一个非常有名的故事——砸冰箱。当时，海尔的创始人张瑞敏发现一些冰箱存在质量问题，他当即要求员工将这些有问题的冰箱全部砸毁。对于当时还处在创业初期、资源十分紧张的海尔来说，这样的决定无疑是痛苦的。但张瑞敏坚持认为："有缺陷的产品就是废品，不能让消费者买到有问题的产品。"

海尔通过这次"砸冰箱"的行动，向全体员工和消费者传递了一个强烈的信号：品质是公司的生命线，绝不能妥协。这一举动不仅提高了海尔的产品质量,也赢得了品牌的良好声誉,让消费者感受到海尔对质量的高度重视。多年来,海尔始终秉持"质量至上"的理念,用心制造每一个产品,从而能在激烈的市场竞争中稳步发展。

品质是公司赢得市场的基础。像海尔这样的公司,正是通过对产品品质的极致追求,获得了强大的市场竞争力和品牌认同感。无论是家电、酒类还是高科技产品,品质都是公司与消费者之间最有力的桥梁。

● 诚信是品牌的保障

老干妈作为中国家喻户晓的调味品品牌,其成功很大程度上得益于对产品品质的坚持和对诚信的坚守。创始人陶华碧一直秉持着"做良心食品"的理念,拒绝使用任何劣质原料,所有原料都经过精挑细选,确保每一瓶辣酱的口感和品质。

陶华碧对于诚信的坚持也体现在产品定价方面。尽管市场上有时会出现原材料价格上涨的情况,老干妈却始终保持价格的稳定,不借机抬高售价,保证了消费者的利益。这种对品质和诚信的坚守,让老干妈赢得了消费者的信任,成了调味品市场的标杆。

诚信是公司与消费者建立信任的基础,也是品牌价值的重要体现。海尔和老干妈的成功,离不开它们对诚信的坚守。公司只有对消费者真诚,才能赢得口碑,获得长期的客户忠诚度。诚信让公司在消费者心中树立起值得信赖的形象,为品牌的长远发展提供了保障。

超级品牌就是超级符号

一个超级品牌，不只是一个名字、一款产品，也是一个文化符号。当人们看到一个品牌的标志，就能立刻联想到它所代表的生活方式、价值观和体验感，这就是超级符号的力量。超级品牌凭借强大的影响力，已经超越了产品本身，成了人们情感认同和精神向往的对象。

耐克（Nike）是一个经典的超级品牌，其"Just Do It"口号已经成为全球人们追求突破自我的象征。耐克的标志性"对勾"符号，不再只是一个运动鞋品牌的标志，它还代表着一种积极向上的生活态度。

1988年，耐克推出"Just Do It"广告，这一系列广告让耐克成了不只是卖运动装备的品牌，更是一个激励人们实现目标的符号。耐克通过一系列真实运动员的故事，传递了挑战极限、不惧困难的精神，这种精神正是它成为超级品牌的核心所在。

"Just Do It"背后的力量让耐克变成了一个符号，无论是跑者、健身爱好者，还是职业运动员，耐克的品牌精神激励了无数人去勇敢追梦。

通过"Just Do It"这一口号及标志性"对勾"符号，耐克不仅销售运动装备，还传递了积极向上、挑战自我的生活态度。它用真实运动员的故事，激发消费者共鸣，塑造了勇于突破、不畏艰难的品牌形象。由此可见，成功的品牌建设需深挖文化内涵，与消费者建立情感连接，让品牌成为价值观与精神的象征，从而超越产品层面，赢得广泛认同。可以说，耐克卖的不仅是鞋，它卖的还是"想做就去做"的无畏精神。

> 可口可乐（Coca-Cola）是另一个经典的超级品牌。当人们想到可口可乐时，脑海中浮现的不仅仅是一瓶饮料，而是一种快乐和分享的情感体验。可口可乐的广告始终围绕着"快乐""分享""团聚"等关键词展开，逐渐使其成了一种象征幸福和愉悦的符号。
>
> 每年圣诞节，可口可乐都会推出温馨的广告。无论是圣诞老人拿着一瓶可乐，还是家庭团聚时举杯分享的场景，可口可乐总是成功地将品牌和美好的情感联系在一起。可口可乐通过不断传递快乐的信息，逐步将自己打造为快乐的象征。
>
> 正因如此，可口可乐成了世界范围内最具影响力的品牌之一。它的红白相间的瓶身已经超越了饮料本身，成为一种快乐符号，带给人们无尽的温暖与美好回忆。

可口可乐品牌不仅卖饮料，更是分享与快乐的象征。通过持续围绕"快乐""分享"等主题进行广告宣传，可口可乐成功地将品牌与美好情感紧密相连，尤其在圣诞节等节日期间，更是以温馨团聚的场景强化这一联系。由此可见，品牌若能触动人心，超越产品本身，成为某种情感或生活态度的代表，便能赢得消费者的深度认同与持久喜爱。

■ 超级品牌晋升为超级符号的关键在于以下几点：

● 传递情感与价值观

超级品牌之所以能够成为超级符号，是因为它们成功地超越了产品本身，传递了一种情感和价值观。耐克的"Just Do It"传递了勇敢突破的精神、可口可乐传递了分享和快乐的情感。正是这种情感上的联系，让品牌超越了物理产品的层面，成为一个文化符号。

● 坚持一致的品牌形象

这些超级品牌在成长过程中，都坚持了高度一致的品牌形象和理念。无论是苹果的极致简约，还是特斯拉的环保未来，品牌始终如一的形象塑造使消费者能够牢牢记住它们，并对其产生认同感。这种一致性，让品牌成了消费者生活中不可或缺的一部分。

● 持续创新与用户体验

超级品牌离不开持续的创新和优质的用户体验。苹果不断推陈出新，改变了手机、音乐、电脑等多个领域的用户体验；特斯拉用新能源汽车颠覆了传统汽车行业的规则。正是这种不断创新、为用户提供最佳体验的精神，使这些品牌从优秀走向卓越，成为真正的超级符号。

超级品牌之所以能够成为超级符号，是因为它们成功地超越了商品层面，将品牌精神深深植入消费者的内心世界。它们卖的不只是产品，还是传播梦想、价值和情感的载体。

会"讲"才会赢,让品牌说话

在现代商业竞争中,会"讲故事"的品牌,才是最终的赢家。通过一个个生动的故事,企业与消费者建立联系,品牌变得鲜活。一个会"讲故事"的品牌,可以让消费者感受到它背后的情感和价值,从而与其建立深厚的信任和归属感。会"讲故事"的品牌,才能真正赢得消费者的心。

李宁(Li Ning)是中国本土运动品牌的代表,其成功不仅在于优质的产品和设计,更在于其会"讲故事",讲述"中国制造"的自信与力量。李宁通过"国潮"概念重新定义了品牌形象,将传统中国文化元素融入现代运动服饰中,激发了年轻一代的共鸣。

在李宁的品牌故事中,不仅有时尚与运动的结合,更有中国文化的自信表达。例如,李宁在巴黎时装周上亮相,展示了将中国传统文化元素与现代设计融合的作品,让全世界看到了中国品牌的创造力和独特性。李宁通过这些故事,让消费者不只是购买运动服饰,还感受到"中国品牌"崛起的骄傲和力量。

福耀玻璃(Fuyao Glass)不仅是一家汽车玻璃制造公司,它还通过讲述"工匠精神"的故事,树立了独特的品牌形象。福耀玻璃的创始人曹德旺一直强调"质量至上"的理念,他通过自身的故事，讲述了一家小工厂成为全球领先的汽车玻璃供应商的故事。

福耀的品牌故事充满了奋斗与坚持。福耀的广告中，常常展示工厂工人在生产线上认真工作的画面，体现了公司对每一块玻璃质量的极致追求。通过这些故事，福耀将品牌塑造为"质量与诚信"的代表，让消费者对其产品产生了深厚的信任感。

为什么会"讲故事"能让品牌赢得市场？以下几点深入剖析了这一现象背后的原因：

● 赋予品牌情感与价值观

品牌故事不仅仅是关于产品本身，更是关于品牌背后的情感、理念和价值观。这些故事能够触动消费者的内心，让他们在购买商品的同时，感受到品牌所传递的情感和价值。例如，苹果公司的"不同凡响"（Think Different）理念，通过讲述创新者和颠覆者的故事，激发了消费者对创新、自由和个性的追求。这种情感和价值观的共鸣，使消费者在购买苹果产品时，不仅仅是在购买技术，更是在追求一种生活态度和理念。

● 建立深厚的消费者联系

会"讲故事"的品牌能够触动消费者的情感，从而与之建立起深厚的联系。雪花啤酒通过讲述"家乡情怀"的故事，让消费者感受到每一瓶啤酒都承载着对家乡的思念和回忆。这种情感联系超越了产品本身，让消费者在品尝啤酒的同时，也能感受到品牌的温暖和关怀。这种深厚的情感联系提高了消费者对品牌的忠诚度，使品牌在市场上更具竞争力。

● **打造差异化与品牌忠诚度**

在竞争激烈的市场中，有效的品牌故事能够帮助品牌与竞争对手区分开来。小米通过讲述"科技普惠"的故事，让消费者感受到品牌致力于让更多人享受科技带来的便利和乐趣；福耀玻璃通过讲述"工匠精神"的故事，展现了品牌对品质和细节的追求。这些独特的故事使得品牌在消费者心中形成了独特的认知，从而增强了品牌的差异化优势。同时，这些故事还提高了消费者的品牌忠诚度。因为消费者在购买产品时，不仅仅是在购买物品，更是在支持他们所认同的品牌理念和价值观。这种忠诚度使得消费者在面对其他品牌时，更愿意选择他们所认同的品牌。

消费者变了，品牌概念也在变

随着时代的变迁，消费者的需求和心态发生了巨大变化。现代消费者更加注重个性化体验、情感共鸣和价值认同，而不仅仅是产品的功能或价格优势。品牌概念也在适应这一变化，从单纯的产品宣传，到情感连接和价值观的传递转变。品牌不仅要赢得市场份额，还要赢得消费者的心，真正成为他们生活方式的一部分。

只有理解消费者的变化，品牌才能跟上时代的步伐，真正成为消费者的选择。

飞利浦（Philips）从一家以电子产品闻名的公司，逐渐转型为一个注重健康和生活质量的品牌。这是因为飞利浦意识到，现代消费者对健康和幸福越来越重视，单纯的电子产品已不再是他们的首选，他们更希望通过产品提升生活品质。

因此，飞利浦推出了一系列健康家居和医疗产品。例如，智能空气净化器、助眠灯等，帮助消费者在繁忙的生活中找到一份宁静。飞利浦的广告也从展示技术优势，转向展示产品如何提高用户的生活质量。例如，一则广告讲述了一个家庭通过飞利浦空气净化器改善了家里的空气质量，让家人能够在城市环境中享受到清新空气。飞利浦通过这种"以人为本"的创新，赢得了消费者的喜爱和信任。

飞利浦还在多个城市开展了健康生活体验活动，邀请消费者亲身体验智能家居产品如何提高生活质量。通过这些互动体验，飞利浦让消费者直观感受到产品带来的好处。这种方式不仅提高了品牌的亲和力，也进一步强化了飞利浦在消费者心中"提高生活质量"的形象。

可见，当消费者的需求发生变化时，品牌要能够及时调整自己的产品线和营销策略，以满足消费者的新需求。只有这样，品牌才能在激烈的市场竞争中立于不败之地，赢得消费者的喜爱和信任。

完美日记（Perfect Diary）是近年来兴起的国产化妆品牌，它的成功在于抓住了年轻消费者对个性和品质的追求，同时通过"平价奢华"的理念迎合了他们对性价比的期待。完美日记意识到，年轻一代的消费者，追求的是高质量但价格合理的产品，他们希望享受到像国际大牌一样的使用体验，但不想为品牌溢价买单。

因此，完美日记在产品包装和广告设计上采用了时尚的审美风格,并邀请了明星和美妆博主合作宣传,以一种"人人都可以享受的奢华感"来打动消费者。完美日记通过社交媒体精准传递品牌故事,讲述每一款产品背后的设计灵感和细节,这让消费者觉得他们不只是在买化妆品,也是在表达一种生活态度。

完美日记还利用直播带货的方式,与消费者建立更加直接的联系。在直播中,品牌代言人和博主不仅介绍产品的功能,还分享了使用心得和化妆技巧,这种亲切的互动方式让消费者感受到品牌的关怀。通过不断创新的营销方式,完美日记成功地将"平价奢华"的理念渗透到年轻人群体中,使其成为年轻人追求时尚的首选品牌之一。

完美日记通过时尚的审美风格、明星和美妆博主的合作宣传,以及社交媒体和直播带货等创新营销方式,成功地将"人人都可以享受的奢华感"品牌理念传递给年轻消费者,并建立起与他们的紧密联系。这种以消费者为中心的品牌策略,不仅提高了品牌的知名度和美誉度,还促进了产品的销售额和市场份额的增长。

消费者在变,品牌概念也必须随之而变。品牌的概念不再是静态的,而是动态的,需要公司跟随消费者的脚步不断进化。只有那些真正理解消费者、愿意和他们一起成长的品牌,才能在这个充满变化的时代赢得胜利。

■ 当下,品牌概念的演变趋势如下:

● 从功能到情感的转变

在过去,品牌强调产品的功能和质量,但现在,品牌更注重与消费者的情感连接。品牌的情感化转变,使消费者在选择品牌时不仅考虑产品本身的性能，还会考量品牌能否与他们的生活产生共鸣。通过情感故事，品牌变得与消费者更加亲近，从而在消费者心中占据了更加牢固的地位。

● 从独占到共鸣的转变

现代消费者不再盲目崇拜大品牌，而是寻找那些能与他们产生共鸣的品牌。例如，完美日记通过"平价奢华"吸引了年轻一代，品牌不再试图与消费者保持距离，而是试图成为他们生活的一部分。

这种从"独占"到"共鸣"的转变，让品牌和消费者的关系更加紧密。消费者不再只是被动接受品牌的宣传，而是希望品牌能够理解他们的个性和生活方式。这种共鸣使品牌与消费者之间的联系更加有温度、更加持久。

● 从单向宣传到互动共创的转变

随着社交媒体的普及，消费者希望能够与品牌互动，甚至参与品牌的成长。例如，特步通过真实的运动故事激励普通人参与运动，反映了品牌与消费者之间关系的变化——不再是单向的宣传，而是双向的交流和共创。

品牌通过互动共创的方式，拉近了与消费者之间的距离。消费者可以通过社交媒体直接表达对品牌的喜好和建议，而品牌也可以通过这些互动，快速调整策略，以满足消费者的需求。这样的双向沟通，不仅提高了品牌的亲和力，也让消费者在品牌的发展中找到了参与感和归属感。

品牌裂变，快速脱离同质化市场

品牌裂变，作为一种低风险的品牌扩张策略，其核心在于深刻理解并尊重用户的看法，尤其是那些老用户的意见。以阿迪达斯为例，尽管其在运动鞋领域声名显赫，但如果涉足古龙水市场，消费者可能会对其产品的香味产生怀疑。同样，比亚迪起初以手机电池起家，如果直接转型汽车制造，可能会让消费者觉得其不够专业。然而，当其涉足电动汽车领域时，消费者却认为它有可能在电池续航和极端天气适应性方面取得突破。这些案例无不说明，品牌裂变只有紧密围绕用户认知和需求进行，取得成功的概率才更大。

■ 品牌裂变主要从以下三方面着手：

● 定位是品牌裂变的核心

（1）用"唯一""第一"抢占消费者心智

1969年，联合利华在英国市场首推了专业级的衣物保养新品——"Comfort"柔顺剂，该品牌就是现在广为人知的"金纺"。

时至1992年末，承载着深厚历史的金纺跨越重洋，在中国市场首秀，标志着它作为国内衣物护理剂先驱，引领了中国家庭步入衣物护理新纪元。

回溯到20世纪八九十年代，洗衣的核心诉求仅限于清洁，衣物护理剂的概念对大众而言颇为陌生，面对衣物洗后发硬、静电频发等问题，人们往往束手无策。随着生活品质的提高，衣物材质日益丰富，从传统的棉、布扩展到羊毛、丝绸及多种混纺面料，消费者对衣物护理的需求也随之升级。

自金纺于1992年登陆中国以来，它始终稳坐衣物柔顺剂市场的头把交椅，十八年蝉联市场份额冠军，并屡获殊荣，包括快速消费品金奖、十年畅销金品大奖等。联合利华不仅开创了柔顺剂这一全新品类，更成功地将金纺品牌与柔顺剂画上等号，深入人心。从此，在消费者的认知中，除了洗衣粉和肥皂，衣物护理领域又增添了一个不可或缺的细分品类——柔顺剂。

消费者的记忆空间有限，往往只对"首创"与"独一无二"印象深刻，这促使商家必须致力于开创全新品类或从中细分出新领域，抑或力争在消费者心中占据某品类的首位，进而通过品牌加以诠释。公司需集中有限资源，实施饱和营销策略，将品类优势深植于消费者心智之中。如此一来，新品类便能在消费者心中留下不可磨灭的"唯一"印记，这也标志着品牌成功赢得了消费者的心。

同时，为了彰显与众不同，商家还需在消费者心智层面与竞品划清界限，采取反向定位或切割策略，以独特姿态屹立于市场之中。这些举措，无一不是为了凸显品牌的独特性和差异性。

（2）反向定位法

在多数细分领域，市场竞争的最终都会呈现出"数一数二"的定律。例如，可乐行业的百事可乐与可口可乐、中高端汽车的奔驰与宝马、乳制品行业的伊利与蒙牛等。当年在乳业竞争的早期阶段，牛根生先生回到呼和浩特打的第一个户外广告是：争做内蒙古乳业第二品牌。当时初创还名不见经传的小品牌蒙牛，一夜之间竟出了名。

在制定竞争策略时，关键在于了解强大竞争对手的薄弱环节，然后集中我方优势资源，在精心挑选的目标样板市场上，全力抢占消费者心智。通过这种聚焦策略，我们很可能在该区域成功塑造出独具特色的品牌定位。

（3）重塑产品

> 段永平，被尊称为中国创业界的教父，是一位能够轻松实现盈利的企业家，享有"华人巴菲特"之美誉。1991年，他一手创办了小霸王电子工业公司，随后在1995年又成立了步步高电子有限公司，业务从学习机逐步扩展到视听产品，并最终涉足手机领域，成功孵化了三个独立品牌，即：专注于音乐手机市场的步步高品牌，专注于拍照功能的OPPO品牌，以及面向年轻时尚消费群体的VIVO品牌。

一位杰出的创始人，首要特质是拥有重塑产品的胆识与信念，这使得他们能够坦然面对外界的质疑与嘲讽。在这个过程中，想象力比知识更为关键，它要求创始人能够重新构想产品的功能、使用场景以及目标用户。

● USP定位，打造独特的价值销售主张

这是一种极具力量的暗示性广告，其核心力量并不在于创意的新颖，而在于不断地重复。许多人或许会疑惑，一个价值主张究竟是通过创意性的表达来传递更好，还是通过反复的播放更为有效？比如瓜子二手车的广告语"瓜子二手车——没有中间商赚差价，

车主多卖钱,买家少花钱",一条广告,同样一句广告语却重复了三遍。

从品类创新与USP定位的视角出发,重复所带来的聚焦效应远远超越了创意本身的价值。这正是脑白金在后续广告宣传中,选择使用卡通形象而非明星代言的原因所在。USP传播策略的核心在于:明确锁定功能定位,保持专注,并不断地重复、重复、再重复。

● 有限资源应集中于特定媒介的重复传播

(1)庞大用户群与持续复购

传统品牌常以知名度、美誉度及忠诚度为衡量标准,而现代品牌则简化为两大核心:庞大的用户基础与持续的复购行为。只有能吸引大量用户,并促使他们多次回购,才能真正称之为品牌。因此,首要之务是让产品成为新品类的代表,随后将客户体验提升至极致,赢得客户的狂热追捧。最终,通过事件营销等热点话题,塑造一群忠实的粉丝群体,从而开启品牌之旅。品牌的建设需持之以恒,以最低的广告投入,借助新媒体的强大势能,塑造独特的品牌性格与个性。

(2)口碑传播——品牌裂变的催化剂

在当今眼球经济盛行的时代,争夺头条成为常态。公司需要采用新颖的新媒体方式,吸引目标用户的注意,并塑造出公司期望的认知。这种认知成本低廉、易于传播,从而迅速提高知名度。

在产品裂变的过程中,只有当峰值体验被推向极致,才能创造出真正让用户为之惊叹的产品。峰值体验,简而言之,就是用户在使用产品或服务过程中遇到的最令人印象深刻、最激动人心的那一刻。它可能是产品功能的极致展现,也可能是服务细节的贴心关怀。总之，它是让用户感到超乎预期、难以忘怀的体验。

为了实现口碑的广泛传播与品牌的裂变，公司需要在打造峰值体验的基础上，巧妙地将疯传机制与场景融入其中。

疯传机制即那些能够激发用户分享欲望、促使信息迅速扩散的因素，如趣味性、新奇性、情感共鸣等。而场景，则是用户接触和使用产品的具体情境，它对于引导用户行为、提高用户体验具有至关重要的作用。

（3）初创公司：深度聚焦，以积蓄品牌势能

在信息泛滥的时代，坚持聚焦尤为重要。创业过程中，贪心、分心都是大忌。如果公司没能在某一品类中深度占领目标市场与渠道，便难以形成品牌势能。因此，在初创时期，公司一定要耐得住寂寞、抵得住诱惑，全力以赴地打磨产品，积极与用户互动。

新生品牌借助裂变逆势翻盘

在当前这个充满挑战与竞争的市场环境下，新兴品牌若想在众多对手中崭露头角并稳固地位，就必须探索出别具一格的发展路径。市场的多变性和竞争的残酷性常常使小型新兴品牌举步维艰。然而，一些明智的新兴品牌却凭借"裂变"策略，迅速扭转局势，实现了惊人的成长飞跃。

■ 新兴品牌实现裂变并逆势崛起的关键要素在于：

● 找准差异化定位，迎合市场需求

元气森林的成功绝非偶然，它通过健康概念的裂变，迅速在饮料市场中引发了巨大反响。面对市场上充斥着大量高糖、高热量的传统碳酸饮料，元气森林选择主打"零糖、零脂、低卡"的健康苏打水，以满足消费者对健康生活方式的需求。这个差异化定位让元气森林迅速脱颖而出。

除了产品定位的裂变，元气森林在营销方式上也进行了大胆创新。它通过社交媒体和KOL（关键意见领袖）进行推广，迅速俘获了年轻消费者的心。品牌利用小红书、抖音等平台，用年轻化的语言和创意视频让消费者了解产品、产生共鸣。元气森林的裂变策略不仅体现在产品差异化上，还体现在传播方式的创新上，使品牌在短时间内就获得了广泛的认知和市场份额。

元气森林卖的不只有饮料，还有"无负担的健康生活方式"。

新生品牌要想实现裂变逆袭，首先，要找到一个差异化的定位，其次，要满足市场上尚未被充分满足的需求。例如，元气森林通过"健康饮品"定位，抓住了特定的市场需求，快速建立了品牌的差异化优势。

● 利用社交媒体，提高品牌互动性

泡泡玛特（Pop Mart）通过"潮玩裂变"成功逆势翻盘，从一家小众玩具店成长为潮玩领域的领军品牌。泡泡玛特意识到，现代消费者尤其是年轻人对个性体验和情感体验有着强烈

的需求。因此，它将"盲盒"这种具有趣味性和惊喜感的产品推向了市场。

盲盒的成功在于它迎合了年轻人对"未知惊喜"的追求。每一个盒子里都藏着不同的玩偶，只有打开后才能知道具体内容。这种裂变玩法让泡泡玛特的产品拥有了强烈的互动性和社交性，消费者甚至开始互相交换盲盒，形成了一个活跃的社群。泡泡玛特通过"潮玩裂变"，不仅让产品具备了娱乐属性，还增强了品牌的黏性和社交传播效应，迅速成为潮玩市场的佼佼者。

泡泡玛特卖的不只有玩具，还有"惊喜与期待的潮玩体验"。

裂变的成功离不开社交媒体的助力。除了泡泡玛特，完美日记、蕉下等新生代品牌都利用小红书、抖音、快手等社交平台与消费者建立了强互动关系。通过社交媒体的传播，品牌能够迅速扩大影响力，形成裂变式增长，让更多消费者加入品牌的互动之中。

● 让用户拥有"线上+线下"的完整体验

成立于2015年的奈雪的茶，通过"茶+软欧包"的形式定位品牌，以20～35岁的年轻女性为主要客户群体。优质的食材、创意的茶饮、有设计感的喝茶空间，让奈雪的茶走上了一条高端现制茶饮品牌之路。

截至2021年2月5日，奈雪的茶门店总数为507家。2018年营收为10.87亿元，2019年营收为25.02亿元，2020年前三季度营收为21.15亿元。除了营收可观，奈雪的茶还被选入了"中国茶饮十大品牌"，并于2021年6月30日正式在港交所挂牌上市。

然而，在高端新式现制茶饮浪潮的推动下，虽然奈雪的茶发展迅速，但随着竞争者日趋增多，市场竞争也从过去的流量竞争转向了存量竞争。在新消费时代，用户呈现出更加多元化、个性化的体验需求。如何才能把握用户这种多变的需求？数字化是基础。因此，多数新茶饮公司都开始纷纷构建自己的私域流量，以时刻分析用户需求。

当然，奈雪的茶也要走这条路。早在2018年，奈雪的茶就开始布局数字化转型战略，开始建设自有小程序，累积了千万量级的私域用户。其自动开发的小程序营销活动、会员储值、等级权益增长等，不但打通了奈雪点单小程序和美团外卖中奈雪的会员权益，还推出了会员精选栏目等功能。

2019年底，奈雪的茶注册会员人数达930万。截至2020年9月，会员人数达到2920万。根据奈雪的茶后台数据统计，其订单总数中，约49.4%来自奈雪的茶私域会员。后来，由于疫情的暴发，线下实体店纷纷按下暂停键，为了配合疫情防控，奈雪的茶先后有200家门店暂停营业，这无疑是对门店巨大的打击。

要知道，实体店的经营每天都要靠现金流经营运转，即使不开业，每天的人工、水电、租金等固定成本也不会减少。面对这一前所未有的挑战，奈雪的茶迅速调整策略，依托微信小程序和第三方外卖平台，针对宅家点单和到店自取两种渠道，相继推出无接触自取和无接触外卖的门店经营方案。用户只需要进入奈雪的茶微信小程序或第三方平台，就能实现在线点单。

此外，奈雪的茶还积极利用微信平台参与消费券派发活动。他们与各地政府紧密合作，共同为全国用户发放了数十万张消费优惠券。这些优惠券可在奈雪的茶门店使用微信支付时享受满减优惠，进一步刺激了消费者的购买意愿。

与此同时，奈雪的茶还开通了自己的直播间，以提高用户好感度和用户黏性。通过实施这一系列改革举措，奈雪的茶还成功地将线下业务与用户资产进行了线上数字化管理与运营，实现了线上、线下的无缝融合。这种融合不仅优化了消费者的购物体验，还显著提高了品牌私域用户的粉丝黏性。

相关数据显示，截至2023年疫情结束，奈雪的茶会员人数突破8000万，成功克服了疫情带来的客流量减少等诸多难题。

除了奈雪的茶，盒马鲜生、每日优鲜等备受人们青睐的公司，也纷纷通过打通线上和线下消费场景之间的隔阂，让用户拥有"线上＋线下"的完整体验，突破线下店铺空间的局限性，开启了全新的新零售模式。

流量时代，如何拯救浪费的一半广告费

在数字化营销的大潮下，广告投放的选择多如牛毛。但就像著名广告大师约翰·沃纳梅克说的那样："我知道我的广告费有一半被浪费了，但问题是我不知道是哪一半。"在流量时代，广告投放面临着更多的挑战——广告渠道繁多、信息泛滥、消费者注意力分散，品牌方往往很难确保每一分钱都花在刀刃上。有广告费不可怕，怕的是花钱却没有效果，精准投放是破解浪费的关键。

如何在流量时代拯救广告费？可以从以下几方面着手：

● 找到目标人群

喜茶作为一个新兴茶饮品牌，通过精准受众定位，成功将广告费的利用率最大化。传统茶饮广告大多偏向于广泛覆盖，而喜茶选择瞄准年轻消费者，推出了"新式茶饮"的概念。这一切，都是通过数据分析和对消费者的深度洞察得出的。

喜茶利用社交媒体数据和年轻人群体的兴趣标签，制定了精准的营销策略。在抖音、小红书等平台，喜茶通过符合年轻人语境的广告和UGC（用户生成内容）来与目标群体沟通。比如，喜茶发布了一系列关于"生活方式与茶"的小视频，引发了年轻消费者的情感共鸣。在这种情感营销的影响下，喜茶不仅节省了广告成本，还成功吸引了大量忠实粉丝。

喜茶通过深入的数据分析和对消费者需求的洞察，成功地将目标受众定位为年轻消费者。这种精准定位使得喜茶能够更有效地分配资源，提高广告费的利用率，从而避免了传统茶饮广告覆盖面广但效果有限的问题。

● 社交裂变传播

某在线教育平台为了在激烈的市场竞争中脱颖而出，决定采用社交裂变传播策略，以低成本快速扩大用户基数，并提高品牌知名度。

该平台设计了一个"邀请好友，共享知识礼包"的活动。用户只需邀请一定数量的好友注册并购买课程，即可获得免费课程、优惠券或会员特权等丰厚奖励。这些奖励对用户来说具有极大的吸引力，激发了他们参与活动的积极性。

平台充分利用微信、微博等社交媒体平台，通过发布活动信息、分享成功案例和邀请码等方式，引导用户参与裂变传播。用户可以将活动信息分享到自己的社交圈，邀请好友一起参与，从而实现用户数量的快速增长。

为了确保裂变传播的顺利进行，平台对裂变传播流程进行了优化。用户只需简单几步操作即可完成邀请和领奖过程，降低了参与门槛，提高了用户体验。

在活动进行过程中，平台实时跟踪裂变效果，包括邀请人数、注册人数、购买人数等关键指标。根据数据反馈，平台及时调整策略，如增加奖励力度、优化邀请流程等，以确保活动持续有效地进行。

通过这种社交裂变传播策略，该在线教育平台在短时间内实现了用户数量的快速增长。活动期间，平台新增注册用户数量较平时增长了数倍，销售额也大幅提高。同时，由于用户是通过好友邀请注册的，他们对平台的信任度和忠诚度也更高，为平台的长期发展奠定了坚实基础。

社交媒体平台提供了丰富的用户数据，公司可以基于用户的兴趣、行为、偏好等信息进行精准定位，将广告或推广信息直接传递给潜在的目标受众。这种精准定位避免了传统广告广泛撒网、效果难以保证的问题，从而降低了广告费用。

● KOL 和口碑传播

由彼（Ubras）作为国产内衣品牌，通过与社交媒体上的 KOL（关键意见领袖）合作，成功实现了广告费用的精确使用。相比传统的电视或线下广告，KOL 营销的优势在于能更精准地触达目标人群。由彼选择与时尚和生活方式领域的顶级和中坚 KOL 合作，通过她们的推荐来实现产品的精准传播。

在小红书和抖音平台，KOL 们通过分享使用由彼的心得和穿搭建议，让消费者直接看到产品的效果。这种基于信任的推荐，远比广泛的品牌曝光更有说服力。通过 KOL 与粉丝的深度互动，由彼不仅成功提高了品牌知名度，还显著提高了销售转化率，避免了广告费的浪费。

由彼通过与社交媒体上的 KOL 合作，实现了广告费用的高效利用。相比传统广告，KOL 营销能更精准触达目标人群，通过时尚和生活方式领域的 KOL 推荐，使消费者直接看到产品效果。基于信任的推荐比广泛曝光更有说服力，深度互动不仅提高了品牌知名度，还显著提高了销售转化率。这证明了在现代营销中，精准定位和有效互动是提高广告效果、避免浪费的关键。

● 游戏化互动

叮咚买菜是一家新兴的生鲜配送平台，它的广告投放方式，完美诠释了如何让每一笔广告费都得到回报。叮咚买菜通过"游戏化"的广告模式，将消费者的娱乐需求和购物需求结合起来，比如"积分游戏"，让用户通过完成任务获得积分，从而转化为实际购买力。

这种游戏化的广告投放方式，吸引了大量用户的积极参与。用户在参与互动的过程中，不仅感受到了购物的乐趣，还提高了对品牌的黏性。这种高参与度的广告形式，极大地减少了传统广告的浪费，因为它直接将用户的注意力转化为实际的购物行为，实现了广告投放的高效转化。

叮咚买菜通过"游戏化"的广告模式，打破了传统广告的单一和枯燥，使广告不仅仅是信息的传递，更是一种娱乐和互动的体验，这种创新模式提高了广告对用户的吸引力。

● 用户自发传播

小鹏汽车没有大规模地在传统媒体上投放广告，但它依然成功地吸引了大量消费者的关注。小鹏汽车依靠的是"用户传播效应"和强大的品牌故事。创始人何小鹏就是小鹏汽车最大的"广告牌"。他在社交媒体上的每一次发言，都能引起广泛的关注和讨论，这种免费的传播效应为小鹏汽车节省了大量广告成本。

此外，小鹏汽车还依靠用户来进行品牌传播。小鹏汽车车主本身就是品牌的忠实粉丝，他们自发在社交媒体上分享使用体验、举办聚会活动，甚至邀请朋友试驾。这种用户自发的传播成本几乎为零，但效果却是传统广告无法比拟的。通过打造卓越的产品体验和引人注目的品牌故事，小鹏汽车实现了广告费的效益最大化。

品牌传播不再单纯依赖传统媒体广告，而是更加注重用户传播效应和品牌故事的构建。通过创始人的个人影响力以及用户的自发传播，小鹏汽车以极低的成本实现了品牌的高效推广。这证明了在产品质量和品牌故事过硬的前提下，利用社交媒体和用户口碑，可以极大地节省广告费用，同时达到甚至超越传统广告的传播效果。

"互联网+"重构传统产品观

● 产品极致化

以公司为中心的传统商业模式下，消费者对产品的需求更多的是功能需求，同行业的竞争对手之间的产品并无太大的差异。进入以用户为中心的移动互联网时代，用户的需求日趋个性化及差异化，公司必须要生产满足消费者需求的产品才能在日益激烈的竞争中存活下来，打造属于自己的个性产品，将产品做到极致。

（1）产品的极致化需要公司优化产品的设计理念

以往，产品更多地强调实用性，消费者追求的是其使用价值；如今，产品的价值不再局限于使用层面，公司必须要赋予引发消费者共鸣的情感价值；未来，产品将成为承载使用价值与情感价值的统一体。

（2）产品的极致化需要公司优化产品的营销理念

以往，公司将大量资金投入到营销推广中，一旦广告投入力度有所下降，公司的销售额就会明显下滑；如今，公司产品日趋极致化，产品转变成媒体，再加上由大数据、云计算等技术支撑的精准营销，使公司实现了口碑营销。

以公司为中心塑造而成的公司品牌，消费者没有足够的话语权，只能选择被动接受；以用户为中心塑造的口碑营销，消费者成为公司品牌的主动传播者，并通过众多社交媒体平台将产品传播至世界的每一个角落。

（3）产品的极致化需要公司优化产品的消费理念

以往人们购买商品时，主要考虑其实用性；如今，消费者在购买产品时更注重情感满足。所以，公司生产的产品必须引发消费者的情感共鸣，针对产品及服务的痛点进行创新。

● 产品模块化

某种角度上说，产品模块化是极致化分工与合作的必然结局。

一方面，产品模块化来源于供应链的分工组合。产品分工是实现公司从线性结构发展至网络状结构的重要基础。产品首先被分成一个个零部件，接着将零部件极致化地划分为各个不同环节。合作同样也要做到极致化，根据不同的环节将产品零部件组合为标准化的系统模块，然后将这些模块进行归类，通过一定的界面联系规则最终将这些模块组合为产品。对实现模块化生产的产品进行调整，将成为公司满足消费者个性化及多样化需求的重要手段。

另一方面，产品的模块化来源于公司运营的分工组合。产品的分工组合不仅按照产品的生产环节进行划分，还按照公司运营环节进行划分。产品的研发、制造、推广、配送、售后等各个运营环节都要重新进行分工组合，众多极致化分工的公司在互联互通的互联网时代对资源进行最优化的配置组合，最终实现了公司利润最大化。

世界范围内，产品研发、制造、推广等各个运营环节的社会协同，使更多的人参与到价值的创造过程中来，从而实现多方的合作共赢。

第七章

创新变革,才能顺应市场

创新是激烈市场竞争中的唯一生存之路

美国经济学家约瑟夫·阿罗斯·熊彼特在1912年出版的《经济发展理论》一书中，首次阐述了创新理论。他视创新为生产要素与生产条件的新颖组合，并导入全新的生产体系。随着互联网技术的飞速发展，公司迎来了前所未有的新机遇，创新理论因此备受瞩目，公司纷纷探索生产要素与生产条件的新组合方式。

然而，创新并不只是因为受到重视而成为公司发展的关键驱动力，它实则是公司自诞生至壮大过程中不可或缺的条件。正如生物界"物竞天择、适者生存"的法则，市场经济中亦是如此，唯有能顺应市场环境变化的公司方能立足。互联网的广泛渗透使社会处于快速变革之中，公司若不能紧跟时代步伐，昔日的辉煌转瞬即逝，现在的成功也可能成为未来发展的绊脚石。

因此，公司必须积极创新、不断自我突破，以实现新的成长，更好地适应市场环境的变化。即便公司缺乏明确的创新意识，但在求生存的过程中不断探索新方法，本身就是一种创新。

经济全球化的浪潮将全球经济紧密相连，同时也让世界各地的竞争者汇聚一堂。随着经济的日益开放，几乎没有任何行业或公司能够完全与世隔绝，行业间乃至公司间的竞争均可视为国际竞争的缩影。这种国际竞争体现在两个方面：一是国内公司走出国门与国外公司的竞争；二是国内公司与进入本国市场的国外公司的竞争。

随着经济全球化程度的加深，公司面临的竞争日益全球化，且竞争对手无国界、数量更多、实力更强。若公司沉溺于往昔成就、停滞不前，将难以适应这个不断创新的市场，并在同行竞争中处于劣势。

当前市场竞争激烈，可谓"快鱼吃慢鱼"，公司发展若滞后于市场平均水平，便会被淘汰出局。

公司要在市场立足，必须具备持久竞争力。或许公司因偶然机遇形成竞争力，占据一席之地，但这种竞争力并非永恒。若公司不追求创新，随时可能被其他公司超越。

众多公司实践证明了这一点。20世纪80年代取得辉煌成就的公司，到20世纪90年代后已消失三分之一，它们虽曾成功，却未能保持。然而，也有部分公司历经百年仍屹立不倒，支撑它们延续百年的正是创新。

公司百年历史，也是不断创新的历史。百年公司或因产品、技术或其他因素在某时期辉煌，但仅凭单一的特质无法延续百年。只有持续创新，才能让公司保持鲜活生命力。

创新可能显而易见，也可能悄无声息。昔日让公司辉煌的成就，或许难以经受时间考验。若公司固守此成就，最终可能走向衰落；而能不守旧、不断创新的公司，将始终屹立于市场，这足以彰显创新的重要性。

有远见的公司，应积极思考如何实现持续发展。这里的"持续发展"，指公司能在特定生存环境中长远发展，也能在不断变化的环境中及时调整，实现长远发展；不仅能在短期内持续发展，也能在更长远的时间里持续发展。

因此，公司发展战略必须具有较强市场适应性，能跟随甚至引领市场潮流。创新是公司实现持续发展战略的核心，也是公司发展的重要途径和方式。

创新的本质是突破与改进

创新是公司保持影响力的关键。在这个变化越来越快的时代，只有不断创新的公司才能始终站在时代的前沿，引领行业的发展，为客户创造更大的价值，同时也为自身赢得持续的成功。

很多人可能会认为创新就是发明新产品或开发新技术，但实际上，创新的范畴远比这宽广。创新是一个将新想法转化为能为公司和客户创造价值的过程。它不仅包括产品和技术的创新，还涵盖了服务、流程、商业模式等多个方面的革新。

> 在竞争激烈的化妆品行业中，韩束品牌通过一系列创新举措，不仅稳固了其在市场中的领先地位，还实现了逆势增长，成为行业内的佼佼者。
>
> 韩束深知技术创新是化妆品行业的核心竞争力，为此其建立了系统的技术监测机制，定期跟踪相关领域的技术发展。例如，韩束在抗衰领域取得了重大突破，自研的环六肽-9成为全球功效护肤领域首个品牌自研环六肽，并成功应用于其明星产品红蛮腰系列中。这一创新不仅提高了产品的科技含量，还进一步巩固了韩束在抗衰市场的领先地位。

韩束还非常注重与高校和研究机构的合作。通过与国内外知名学府的深度合作，韩束不断引入前沿的科研成果，推动产品的迭代升级。这种学术合作模式不仅为韩束提供了源源不断的创新动力，还提高了其在行业内的技术影响力。

在渠道创新方面，韩束紧跟新渠道和新流量的变迁，成功实现了从线下到线上的转型。特别是在抖音平台，韩束通过短视频和直播等方式与新时代的消费者产生连接，迅速提高了品牌知名度、扩大了市场份额。最新行业报告显示，韩束在抖音平台的GMV持续领跑，多次蝉联抖音美妆TOP1，展现了其强大的渠道创新能力和市场竞争力。

韩束还非常注重用户体验和反馈。通过建立畅通的客户反馈系统，韩束能够及时收集用户的意见和建议，不断优化产品和服务。例如，韩束在推出新品前会进行大量的用户测试和调研，确保产品符合用户需求和期望。这种以用户为中心的创新理念使韩束在市场中赢得了良好的口碑和客户忠诚度。

真正的创新应该能够解决问题、满足需求或创造新的市场机会。创新可以是一个全新的发明，也可以是对现有事物的重新组合或改进。关键在于它必须能够创造价值，无论是经济价值、社会价值还是环境价值。

● 渐进式创新对比颠覆式创新：两种创新模式的博弈

在讨论创新时，我们常常会遇到两个概念：渐进式创新和颠覆式创新。这两种创新模式各有特点，对公司的影响也不尽相同。

渐进式创新，顾名思义，是对现有产品、服务或流程的持续改进。这种创新通常风险较小，容易实施，能够在短期内提高效率和用户体验。大多数公司的日常创新活动都属于这一类型。例如，智能手机厂商每年推出的新机型，通常都是在前一代产品的基础上进行性能提升、功能完善或外观改进。这种创新虽然不会立即带来革命性的变化，但能够持续满足用户不断提高的期望，保持产品的竞争力。

颠覆式创新则是对现有市场或行业产生重大影响的创新。它可能创造全新的市场，或彻底改变现有市场的规则。颠覆式创新往往风险较高，但一旦成功，回报也会更加丰厚。典型的例子包括 iPhone 的推出颠覆了手机行业、Netflix 改变了人们观看视频的方式、亚马逊的云计算服务（AWS）彻底改变了公司 IT 基础设施的构建方式。

这两种创新模式并非对立的，而是相辅相成的。成功的公司通常会在持续进行渐进式创新的同时，也在寻求颠覆式创新的机会。例如，苹果公司在不断改进 iPhone 的同时，也在开发如 Apple Watch 这样的新品类产品，甚至涉足金融服务领域，推出 Apple Pay 和 Apple Card。

● 创新是塑造未来的关键

理解了创新的定义和不同形式后，我们需要深入探讨为什么创新对公司的影响力如此重要。

（1）保持市场竞争力

在快速变化的市场中，只有不断创新的公司才能保持领先地位。那些固守成规、不思进取的公司最终都会被市场淘汰。柯达公司就是一个典型的反面教材。尽管柯达发明了数码相机技术，但由于过于依赖传统胶片业务，没有及时转型，最终在数码时代中落伍。相比之下，富士胶片通过积极创新，成功转型为一家多元化的高科技公司，不仅在影像领域保持了竞争力，还成功进入了医疗健康等新兴领域。

(2) 吸引人才

创新型公司更容易吸引和留住优秀人才，因为有才华的人往往渴望在能发挥创造力的环境中工作。例如，谷歌、特斯拉这样以创新著称的公司，往往是顶尖人才的首选。这些公司不仅提供具有挑战性的工作，还鼓励员工追求自己的创意。这种公司文化对人才具有极强的吸引力。

(3) 提高品牌价值

创新可以增强品牌形象，使公司被视为行业领导者。苹果公司就是一个很好的例子，通过持续的产品创新和设计创新，苹果不仅成为科技行业的领导者，还塑造了一个代表创新和高品质的品牌形象，这极大地提升了其品牌价值。

(4) 创造新的收益来源

创新可以开辟新的市场或创造新的商业模式，从而带来额外的收入。亚马逊公司就是一个很好的例子，它从一家网上书店起步，通过不断创新，拓展到电子商务、云计算、人工智能等多个领域，每一次创新都为公司带来了新的收入增长点。

(5) 提高运营效率

流程创新可以降低成本，提高生产效率。例如，丰田公司通过持续的流程创新，开发出了著名的"丰田生产系统"，大大提高了生产效率、降低了成本，成为制造业的标杆。

(6) 增强适应能力

具有创新文化的公司更能够适应市场变化和外部挑战。在2020年疫情暴发时，许多公司通过创新快速适应了新的市场环境。例如，许多餐厅开发了外卖和线上订餐系统、健身房推出了线上课程，这些创新举措帮助公司在困难时期生存下来，有些甚至找到了新的增长机会。

（7）解决社会问题

创新不仅可以为公司创造商业价值，还可以解决重大的社会问题，从而提高公司的社会影响力。例如，特斯拉通过电动汽车和可再生能源技术的创新，为应对气候变化作出了重要贡献；又如，一些制药公司通过创新研发新的疫苗和药物，为全球公共卫生事业作出了巨大贡献。

（8）推动行业发展

领先公司的创新常常能够推动整个行业的发展。例如，SpaceX公司通过创新大幅降低了火箭发射成本，不仅改变了航天产业的格局，还推动了商业航天的快速发展。

（9）应对颠覆

在当今快速变化的商业环境中，几乎每个行业都面临着被颠覆的风险。通过持续创新，公司可以更好地应对潜在的颠覆性威胁，甚至可能成为颠覆者而不是被颠覆者。例如，微软公司通过向云计算和人工智能领域的创新转型，成功应对个人电脑时代过去后的挑战，重新确立了其在科技行业的领先地位。

创新虽是公司发展的核心驱动力，但其过程中却伴随着诸多挑战。首要难题在于，创新往往需要巨额的资源投入，且成果往往充满不确定性。众多创新项目在探索与尝试中可能遭遇失败。这就要求公司在积极追求创新的同时，必须审慎考虑风险管理，确保资源的有效利用与公司的稳健发展。

此外，公司在创新策略上还需巧妙地在渐进式创新与颠覆式创新之间找到平衡点。如果过于偏重短期的渐进式创新，可能会让公司错失重大的市场变革机遇；如果一味追求颠覆式创新，可能忽视对现有业务的持续优化与提升，从而给公司带来难以承担的风险。

因此，公司需要制定一套全面的创新战略，既要敢于冒险，又要善于规避风险；既要追求长远的颠覆式创新，又要注重短期的渐进式改进。只有这样，公司才能在创新的道路上越走越远，不断开创出更加辉煌的未来。同时，公司还应营造一种鼓励创新、容忍失败的文化氛围，让每一位员工都能敢于尝试、敢于创新，共同推动公司的持续发展。

市场洞察是创新的源泉

在创新的过程中，市场洞察扮演着至关重要的角色。它不仅为创新提供方向，还能帮助公司更好地理解客户需求、把握市场趋势，从而开发出真正有价值的创新产品或服务。

蕉下，作为一家专注于户外防护用品的现代公司，成功地将市场洞察融入创新策略中，从而实现了品牌的快速成长和市场影响力的显著提高。

在市场洞察方面，蕉下投入大量资源进行研究。他们密切关注户外用品市场的动态，包括消费者的需求变化、竞争对手的策略调整以及新兴技术的应用等。通过深入的市场调研和数据分析，蕉下发现，随着人们生活水平的提高和健康意识的增强，人们户外活动的参与度不断上升，但市场上现有的户外防护用品在功能性和时尚性上还存在较大差距。

基于这一市场洞察，蕉下开始着手开发既实用又时尚的产品。他们注重产品的细节设计，如采用高科技材料提高防晒、防雨性能，同时注重产品的外观和色彩搭配，以满足消费者对美观和实用的双重需求。此外，蕉下还通过社交媒体和电商平台等渠道，积极与消费者互动，收集反馈并不断优化产品。

在营销策略上，蕉下也充分利用了市场洞察。他们了解到，现代消费者更加注重品牌的价值和理念，因此蕉下在推广过程中，不仅强调产品的功能和优势，还注重传递品牌所倡导的户外生活方式和健康理念。这种营销策略不仅提高了品牌的知名度和美誉度，还提高了消费者对品牌的忠诚度和认同感。

正是通过深入的市场洞察和精准的创新策略，蕉下成功地在户外防护用品市场占据了一席之地。他们的产品不仅受到了消费者的广泛好评，还赢得了业界的认可和赞誉。

蕉下的成功案例充分说明了市场洞察在驱动创新、提高公司影响力方面的重要作用。通过市场洞察来驱动创新，提高公司的影响力可以从以下几方面着手：

● 倾听客户声音：了解真实需求

客户是市场的核心，倾听并理解客户的声音是获得市场洞察的第一步。以下是一些有效的方法：

（1）客户调研

定期进行客户调研是获取市场洞察的重要手段。公司可以采用问卷、访谈、焦点小组等多种形式，深入了解客户的真实需求和偏好。例如，宝洁公司经常派遣专业研究人员深入消费者家中，实地观察他们使用产品的方式，从中发现潜在的改进机会，为产品创新提供有力支持。

（2）客户反馈系统

建立畅通的客户反馈渠道是倾听客户声音的关键。公司可以通过客户服务热线、在线反馈表单、社交媒体互动等多种方式，及时收集客户的意见和建议。亚马逊公司非常重视客户反馈，将其作为产品改进和优化的重要依据。

（3）用户体验测试

在产品开发的各个阶段进行用户体验测试，是确保产品符合用户需求的重要途径。公司可以邀请目标用户参与测试，收集他们的真实反应和意见。苹果公司在开发新产品时，会进行大量的用户体验测试，以确保产品在设计、功能和使用体验等方面都能满足用户的期望。

（4）数据分析

利用大数据技术分析客户的使用行为和购买模式，可以帮助公司更精准地把握市场趋势和客户需求。通过对海量数据的挖掘和分析，公司可以发现潜在的商机和市场空白点。Netflix就通过分析用户的观看数据，来指导内容制作和推荐，为用户提供更加个性化的观影体验。

（5）共创工作坊

邀请客户参与产品设计和开发过程，可以激发创新灵感，同时提高客户忠诚度。公司可以组织共创工作坊，邀请客户与产品研发团队一起探讨产品创意和设计方案。乐高公司就经常邀请粉丝参与新产品的设计,这种做法不仅带来了创新的想法,还让客户更加深入地了解品牌和产品,提高了客户对品牌的认同感和忠诚度。

(6)社交媒体聆听

社交媒体平台是客户表达意见和情感的重要渠道。公司可以通过设立专门的社交媒体团队,实时关注和回应客户的声音,及时了解客户的需求和反馈。通过社交媒体聆听,公司可以发现潜在的市场机会和危机事件,为制定应对策略和改进产品提供有力支持。同时,积极回应客户的声音,还能提高品牌形象和客户满意度。

通过这些方法,公司可以深入了解客户的痛点、需求和期望,为创新提供有力的支持。

● **分析竞争对手:洞悉市场格局**

了解竞争对手的动向对于把握市场机会至关重要。以下是一些有效的竞争对手分析方法:

(1)SWOT分析

对竞争对手进行SWOT分析,即优势(Strengths)、劣势(Weaknesses)、机会(Opportunities)和威胁(Threats)分析,是公司把握市场机会的重要手段。通过深入分析竞争对手的各个方面,公司可以明确自身在市场中的位置,发现竞争对手的不足,从而找到潜在的创新机会和竞争优势。

(2)产品对比

定期对比分析竞争对手的产品或服务,是公司了解市场动态和竞争对手策略的有效途径。通过深入研究竞争对手的产品特点和优势,公司可以汲取灵感,找到自身产品的不足之处,并寻找改进和优化的机会,以提高产品的竞争力和市场占有率。

(3) 专利分析

研究竞争对手的专利申请情况，可以预测其未来的技术发展方向和市场布局。通过分析竞争对手的专利活动，公司可以了解其在技术研发上的投入和重点，从而及时调整自身的研发策略，保持技术领先地位，避免被竞争对手超越。

(4) 财报分析

通过分析上市公司的财报，公司可以了解竞争对手的经营状况、财务状况和投资重点。这有助于公司预测竞争对手的战略方向和市场动向，为自身的市场决策和战略规划提供重要的参考。同时，财报分析还可以显示竞争对手的潜在风险和弱点，为公司制定竞争策略提供有力支持。

(5) 神秘顾客

派人以顾客身份体验竞争对手的产品或服务，是公司发现自身不足和改进机会的有效方法。通过神秘顾客的调查和反馈，公司可以了解竞争对手在产品设计、服务质量、客户体验等方面的优势和不足，从而进行有针对性地改进和优化，提高自身的市场竞争力。

(6) 行业报告

定期阅读行业分析报告，是公司了解市场整体趋势和竞争格局的重要途径。通过阅读高德纳（Gartner）等咨询公司的报告，公司可以掌握行业的最新动态、技术发展趋势和市场需求变化，为自身的战略规划和市场决策提供有力支持。同时，行业报告还可以帮助公司了解竞争对手的市场表现和策略，为制定竞争策略提供参考。

(7) 员工反馈

收集从竞争对手跳槽过来的员工的反馈，是公司了解竞争对手内部运作和策略的重要途径。这些员工在竞争对手公司工作过，对竞争对手的内部情况有较为深入的了解。通过他们的反馈，公司可以了解竞争对手的组织结构、管理流程、文化氛围等方面的信息，为自身的战略规划和市场竞争提供有力支持。但需要注意的是，收集员工反馈必须在合法和道德的框架内进行，避免侵犯竞争对手的商业机密和隐私权。

通过全面的竞争对手分析，公司可以更好地定位自己、发现市场空白，从而为创新指明方向。

● **把握新兴技术趋势：拥抱未来**

在快速变化的商业环境中，及时把握新兴技术趋势对于保持创新优势至关重要。以下是一些有效的方法：

（1）技术监测

建立系统的技术监测机制，是公司把握技术发展趋势、保持创新活力的关键。通过定期跟踪相关领域的技术发展，公司可以及时了解新技术、新工艺和新材料的出现，为自身的产品研发和技术升级提供重要参考。谷歌就组建了专业的技术监测团队，负责评估和预测新兴技术的发展趋势，以确保公司在技术竞争中保持领先地位。

（2）学术合作

与高校和研究机构合作，是公司获取最新科研成果、提高技术创新能力的重要途径。通过深度合作，公司可以共享高校的科研资源和人才，加快技术成果的转化和应用进度。IBM等跨国公司就与多所知名大学建立了紧密的合作关系，共同开展前沿技术研究、推动技术创新和产业升级。

（3）参与行业会议

定期参加技术峰会和行业展会，是公司了解最新技术动向、拓展业务合作的重要平台。这些会议和展会汇聚了行业内的精英和专家,他们分享的技术见解和市场趋势对公司具有重要的指导意义。CES等国际消费电子展就是许多科技公司展示新技术、新产品的重要舞台,也是公司了解市场动态、寻找合作机会的重要窗口。

（4）创新孵化器

建立或参与创新孵化器,是公司接触和培育新兴技术、推动创新创业的重要手段。通过孵化器项目,公司可以接触到许多具有创新潜力的初创公司,为它们提供资金、技术和市场等方面的支持,共同推动新技术的研发和应用。微软的孵化器项目就成功地帮助它接触到许多创新创业公司,为公司的技术创新和业务拓展注入了新的活力。

（5）开源社区参与

积极参与开源社区,是公司了解技术发展趋势、提高自身技术实力的重要途径。通过参与开源项目,公司可以与全球的技术开发者交流学习、共同推动技术的创新和发展。同时,公司还可以将自己的技术成果贡献给开源社区,提高公司的知名度和影响力。Google、Facebook等科技巨头就深度参与开源社区,为全球的技术发展作出了重要贡献。

（6）技术预测

定期进行技术预测活动,是公司评估技术发展潜力、制定战略规划的重要手段。通过技术预测,公司可以了解各种技术的发展趋势和应用前景,为自身的产品研发和市场布局提供重要参考。一些知名的咨询公司如麦肯锡就经常发布技术趋势报告,为公司提供专业的技术预测和战略建议。

（7）跨界学习

关注其他行业的技术发展,是公司寻找跨界应用机会、拓展业务领域的重要途径。通过跨界学习，公司可以了解其他行业的先进技术和管理经验，为自身的技术创新和业务拓展提供新的思路和方法。特斯拉就将电池技术应用到汽车行业，创造了新的市场机会和商业模式，为公司的快速发展奠定了坚实基础。

市场洞察是创新的源泉和指南针。通过倾听客户声音、分析竞争对手、把握技术趋势，公司能更准确地把握市场需求和发展方向，从而开发出真正有价值的创新产品或服务。

然而，获得市场洞察只是第一步，更重要的是如何将这些洞察转化为切实可行的创新方案。这需要公司建立一套系统的创新管理机制，将市场洞察与内部资源有机结合，形成持续的创新能力。

传统公司创新转型的七大变革

在当今瞬息万变的商业环境中，传统公司若想生存并茁壮成长，必须进行创新转型。这并不是意味着放弃已有的积累，而是在坚守核心价值的同时进行深刻变革。公司必须不断探索新的商业模式、拥抱新技术、提高运营效率，以应对市场的变化和竞争的压力。

传统不是固守，创新不是舍弃，变革才能赋予公司新生。

● 数字化转型——中石化的"智慧加油站"

中石化在这一方面走在了前列，通过"智慧加油站"的建设，将传统加油站升级为智能化、数字化的综合服务平台。中石化不仅为客户提供加油服务，还通过数字化技术拓展了洗车、便利店和移动支付等多种服务。

中石化通过引入物联网设备,使加油站实现了无人值守和远程管理。用户可以通过手机 App 提前预约加油,甚至实现无接触支付。这种智能化管理不仅提高了服务效率,还为消费者提供了更加便捷的体验,为中石化开辟了新的业务增长点。

中石化凭借"智慧加油站"的建设,成功将传统加油站转型升级为智能化、数字化的综合服务平台,展现了行业领导者的前瞻视野。通过引入物联网技术和数字化手段,中石化不仅提高了服务效率,更为消费者带来了便捷体验,同时拓展了多项增值服务,如洗车、便利店和移动支付等,从而开辟了新的业务增长点。

● **商业模式创新——国美的"家生活战略"**

国美电器提出了"家生活战略",将电器零售和家庭整体解决方案深度结合,带来了全新的购物体验。通过将家电、家装、家居等服务一体化,国美实现了业务模式的创新。

在国美的体验店里,消费者可以看到电器和家具的整体展示,形成"所见即所得"的沉浸式购物体验。同时,国美还通过线上、线下融合的方式,为消费者提供从选购、安装到维修的一站式服务。这种商业模式创新,不仅提升了客户的消费体验,也帮助国美在激烈的市场竞争中找到了新的发展路径。

商业模式的创新,不是产品叠加,而是服务与体验的整合。国美电器通过实施"家生活战略",成功将电器零售与家庭整体解决方案深度融合,完成了商业模式的创新。这种创新不仅增强了客户消费体验,还助力国美在激烈的市场竞争中开辟出新的发展路径。

● 组织结构重塑——美的的"扁平化管理"

美的集团在转型中重塑了组织结构，采取了"扁平化管理"的模式，将中层管理岗位压缩，加快了决策和响应的速度。

通过扁平化管理，美的能够更快速地捕捉市场动态并作出反应。例如，在智能家居领域，美的通过这种灵活的组织结构迅速组建团队，抓住了市场的机会，推出了一系列智能化家电产品。这种高效的组织架构，使美的在激烈的市场竞争中始终保持敏锐和灵活。

传统公司的组织结构往往层级繁多、反应缓慢。而创新转型需要更加灵活和高效的组织架构，让每一个决策都能迅速触达用户。

● 公司文化变革——万科的"合作共赢"

万科的文化变革是一个很好的例子。万科提倡"合作共赢"的理念，尊重合作伙伴和员工的价值，并通过多种激励措施提高团队的凝聚力。

这种文化变革使万科在面对市场变化时能够迅速调整策略，员工在公司内有更多的自主权和创新动力。万科通过这种文化建设，形成了良好的内部氛围，确保每一个项目都能高效推进，并实现客户、合作伙伴与公司自身的多方共赢。

公司文化是创新的土壤，只有营造出鼓励创新、包容失败的文化，传统公司才能真正转型成功。

● 客户导向变革——飞鹤乳业的"母婴互动"

飞鹤乳业通过"母婴互动"策略，将客户纳入产品开发和改进的过程中，成功提高了品牌的用户黏性。

飞鹤通过建立母婴社区，与客户进行深度互动，倾听用户的反馈和建议，并在新产品中体现出来。通过线上社群和线下活动，飞鹤的消费者不仅是产品的购买者，还是品牌的"合作伙伴"。这种客户导向的变革，使飞鹤的产品能够更加贴近市场需求，快速迭代更新。

传统公司倾向于将产品与服务的设计流程视为封闭的内部事务，然而，在创新转型的驱动下，公司需转变思维，以客户为中心，主动邀请客户参与到产品设计与改进的过程中来。这种做法不仅能更精准地满足客户需求、提高产品市场契合度，还能提高客户的参与感与忠诚度，为公司的创新发展注入源源不断的活力。

● 供应链升级——苏宁的智慧物流

苏宁通过供应链的智能化升级，实现了从传统零售向智慧物流的转型。苏宁物流建立了无人仓储、机器人分拣等智能物流技术，打造了一条高效、精准的物流体系。

智慧物流的优势在于极大提高了配送效率、降低了人力成本，同时提高了用户的体验感。在"双十一"等物流高峰期，苏宁的智能仓库能够实现全天候不间断运作，确保订单能够及时处理。通过供应链的升级，苏宁不仅提高了自身的竞争力，还为整个零售行业的物流变革树立了标杆。

在激烈的市场竞争中,供应链管理成为公司提高竞争力的重要一环。供应链的智能化升级,不只是成本的降低,更是效率和体验的提高。

● 技术创新驱动——比亚迪的新能源技术

比亚迪通过新能源技术的应用,实现了从传统汽车到新能源汽车的全面转型。比亚迪在生产线上引入了自动化生产设备,通过新能源技术方面的创新,推出了多款高性能的电动汽车,赢得了市场的广泛认可。

比亚迪的技术创新不仅体现在生产线上,还体现在产品的迭代上。通过不断研发电池和充电技术,比亚迪的新能源车辆在续航和安全性方面有了显著提升。同时,比亚迪还积极布局充电桩和能源存储解决方案,形成了完整的新能源生态链。

技术创新是引领公司转型升级的核心驱动力,其本质并非单纯追求高科技的"堆砌",而是着眼于如何利用技术为客户创造更大的价值。通过深入洞察客户需求,公司应以技术创新为手段,不断优化产品与服务、提高客户体验,从而在激烈的市场竞争中脱颖而出,实现可持续发展与转型升级的双重目标。

"互联网+"：连接虚拟与现实的商业变革

随着"互联网+"时代的汹涌来袭，传统公司面临着市场环境和商业生态快速变化的严峻挑战，迫使它们必须加快互联网化转型的步伐。然而，这一转型并非只能通过公司内部痛苦的自我革新来实现，还可以通过投资并购互联网公司和创新创业项目，将互联网元素融入其中，从而实现公司的顺利转型。

在互联网时代，实体产业与虚拟世界的界限被彻底模糊，两者之间实现了深度的互联互通。过去，公司的实体产品和店面主要在现实世界中相互连接；而现在，借助互联网技术，虚拟产品和店面之间，以及虚拟与现实世界之间，都形成了紧密的互动和融合。

这种融合体现在多个方面：产品价值与资本价值的相互渗透；大数据等无形资产与有形产品创造价值的相互融合；公司内部价值与外部价值的无缝对接；线上虚拟店面与线下实体店面的相互补充。例如，公司可以在自己的官方网站或电商平台上进行营销推广，消费者则可以在线上浏览产品信息、下单购买，并在线下店面享受服务体验，从而实现产品购买与体验的一体化。移动互联网的广泛应用进一步打破了时间与空间的限制，使得信息交流变得即时而便捷。

以某知名零售公司为例，该公司通过投资并购一家互联网创新公司，成功将线上购物平台与线下实体店相结合。消费者可以在该公司的 App 上浏览商品、下单购买，并选择到附近的实体店提货或享受售后服务。同时，该公司还利用大数据技术，对消费者的购物行为进行分析，以更精准地推送个性化商品推荐和优惠信息。这种线上、线下融合的模式，不仅提高了消费者的购物体验，也为公司带来了更多的销售机会和品牌价值。

总之，"互联网+"时代为传统公司带来了前所未有的机遇和挑战。通过借助资本的力量和互联网技术的创新应用，公司可以实现转型升级和持续发展。具体表现在以下几个方面：

● **跨越时空的用户交流**

在互联网的助力下，用户间的交流不再受地域和时间的局限。社交媒体平台、电子邮件、即时通讯软件等多元化的沟通工具，为用户搭建起一个无界限的交流空间。无论是疑问求解还是创意分享，用户都能轻松将信息发布至网络，迅速获得全球范围内专业人士的响应与帮助。这种自由的交流环境不仅促进了知识的传播与技能的交换，还催生了具有强大社会影响力的网络社群，使用户能够深度参与产品的全生命周期，从设计、制造、价格制定到营销推广，无不体现用户的智慧与力量。

● **公司与个体间的无缝对接**

移动互联网的普及，让公司与个体之间的交流变得前所未有的便捷。作为用户，个体可以随时随地通过移动设备与公司进行互动，无论是浏览产品、下单购买、支付，还是评价，都能轻松完成。作为合作伙伴，个体能即时与公司交易、共享分包订单信息，并实时反馈产品进度，确保公司能迅速调整，保障产品质量。而作为员工，个体移动办公成为可能，通过公司内部线上平台，无论身处何地都能同步工作进度，提高团队协作效率。

● 供应链的高效协同

互联网打破了供应链中的时空壁垒，实现了信息的实时传递与共享。用户行为数据与公司交易数据在网络上飞速流动，使公司能够即时捕捉用户需求，实现按需生产的灵活响应。员工通过移动终端，随时掌握订单状态与物流信息，确保生产流程的顺畅进行。供应链信息平台化的构建，更是让分布在全球各地的公司能够无缝交换订单信息，实现同步生产，极大地提高了生产效率与产品质量，展现了互联网在优化资源配置、促进产业协同方面的巨大潜力。

通过"免费"来创造价值

在传统的商业思维中，盈利与免费被视为一对难以调和的矛盾，公司如果想盈利，往往需避免提供免费服务或产品。然而，在当今的互联网时代，这一观念已被彻底颠覆。众多互联网公司通过免费策略，不仅吸引了大量用户，还创造了前所未有的价值，免费与盈利并行不悖，成为新的商业常态。

在互联网的广阔舞台上,免费不再是一种简单的促销手段,而是演化为一种深层次的商业模式,其核心在于构建公司与用户之间坚实的情感纽带。公司利用互联网平台,深入挖掘并持续创造用户需求,以此作为提高盈利能力的关键。通过大数据、云计算等先进技术,公司能够实时捕捉消费者的动态需求,使用户数据成为公司竞相追逐的宝贵资源。同时,随着商品逐渐虚拟化、数字化,公司的初次投入虽高,但边际成本却趋于零,这为实施免费策略提供了坚实的现实基础。

面对免费商品,消费者的心理往往发生微妙变化,容易产生非理性消费行为。从表面看来,公司似乎放弃了部分直接收入,实则通过免费模式吸引了更多参与者与使用者,为公司开辟了广阔的蓝海市场。

> 以某知名云服务提供商为例,该公司通过提供免费的基础云服务,吸引了大量中小企业和个人用户。公司虽然基础服务免费,但通过提供高级功能、增值服务以及广告推广等方式,实现了利润的持续增长。随着用户规模的扩大,该公司的品牌影响力也日益增强,进一步推动了其市场份额的拓展和盈利能力的提升。

当下,"免费"策略在互联网时代已成为一种创新的商业模式。它不仅改变了消费者的行为模式,也为公司创造了新的盈利机会和市场空间。

在实践中,公司通过"免费"策略创造价值的方式多种多样,以下是几种主要且成效显著的途径。

● 交叉补贴模式

这一模式的核心在于将免费商品与收费商品巧妙结合，形成互补效应。例如，公司可能提供基础版产品供用户免费使用，而针对需要更多功能或更高性能的用户，则推出升级版或专业版并收取相应费用。在硬件领域，常见的做法是硬件本身免费或低价销售，而通过后续的软件服务、内容订阅等方式实现盈利。这种策略既满足了不同用户的需求，又确保了公司的持续收益。

● 三方市场模式

在此模式下，公司作为平台连接产品生产者、使用者与第三方付费者，实现价值共创与分享。最典型的例子是互联网平台上的广告投放，用户无须为浏览内容付费，而平台通过向广告商收取费用来获得收入。这种模式的关键在于构建足够大的用户基础和高质量的用户数据，以吸引广告主并提高广告效果。

● 版本划分策略

公司根据产品或服务的不同功能、性能或用户群体，将其划分为多个版本，通常初级或基础版本免费提供，以吸引用户尝试并培养使用习惯，而后续的高级版本或增值服务则收取费用。这种策略在软件行业尤为普遍，既降低了用户初次尝试的门槛，又为公司的长期发展提供了持续的盈利空间。

● 数据服务模式

在移动互联网时代，数据已成为公司宝贵的资产之一。通过收集、分析用户行为、偏好等数据，公司能够更精准地理解市场需求，进而开发出更符合用户期望的免费应用或提供更好的服务。这些应用或服务在吸引大量用户的同时,也为公司提供了丰富的数据资源,进而可以推出基于数据分析的增值服务、个性化推荐或广告定向投放等,实现数据变现。阿里巴巴和腾讯等互联网巨头正是凭借对用户数据的深度挖掘和有效利用,成功构建了庞大的商业生态,并获得了丰厚的回报。

第八章

定好战略,做好长远规划

战略管理的四大特征

缺乏明确的方向与目标,公司如同航行于迷雾中的船只,稍有不慎便可能遭遇灭顶之灾。因此,公司管理者亟须开阔眼界,积极拥抱战略管理。

公司战略,是立足公司未来发展、明确公司定位的关键。它犹如一盏明灯,照亮"我是谁""我当前所处的位置"以及"我将要前往何方"这些根本性的方向问题,为公司的发展提供清晰的指引。

在从业务管理向战略管理的转型过程中,公司不能一味埋头苦干,忽视对前方道路的审视。公司需要从短视的机会思维中跳脱出来,转向更具前瞻性的战略思考,不再仅仅关注一时的得失,而是着眼于公司的长远发展与成功。

为了制定更加精准的战略,公司必须重新审视自身所处的行业环境与发展趋势。这包括判断所在行业是处于上升期的朝阳产业,还是逐渐衰退的夕阳产业;是受到严格限制的产业,还是相对自由的非限制性产业;市场竞争是充分、不完全还是寡头垄断等。

在明确了行业背景后,公司还需深入剖析自身与竞争对手的优缺点,以便在复杂多变的市场环境中,敏锐地捕捉并抓住那些能够助力公司成功的机遇。

战略一旦确定,便应成为公司行动的指南,不可轻易更改。然而,这并不意味着战略应一成不变。公司必须保持战略的适应性与灵活性，以确保战略不会成为束缚公司手脚的枷锁，扼杀公司的创新活力。

对于规模较小的公司而言，虽然可能无须制定详尽的战略规划，但至少应制订一个为期3～5年的商业计划，以明确公司的发展方向与目标。这将有助于公司在激烈的市场竞争中保持清醒的头脑，稳步前行。

战略管理作为一种全面性和前瞻性的管理方法，被广泛应用于公司的各个关键领域，包括市场营销、融资和财务、生产和操作、开发与研究等，其核心目的在于确保公司长期目标的实现与可持续发展。

在市场营销方面，战略管理帮助公司精准定位目标市场，制定有效的市场进入策略、产品定价策略、促销策略以及品牌建设策略，以应对激烈的市场竞争，提高市场份额和客户满意度。通过深入分析市场趋势、消费者行为和竞争对手动态，战略管理助力公司把握市场机遇、规避潜在风险。

在融资和财务管理上，战略管理指导公司合理规划资本结构，优化资金使用效率，确保项目投资和日常运营的财务稳健性。它涉及资金筹集、资本预算、成本控制、风险管理及利润分配等多个方面，旨在通过科学的财务决策支持公司的战略目标和长期发展计划。

生产和操作领域中的战略管理，则关注于提高生产效率、降低成本、确保产品质量，以及灵活应对市场需求变化。通过采用先进的生产技术、优化生产流程、加强供应链管理，战略管理助力公司构建高效、灵活且可持续的生产体系，从而增强市场竞争力。

在开发与研究方面，战略管理推动公司不断创新，探索新技术、新产品和新服务，以满足市场不断变化的需求。它涉及研发项目的选择、资源配置、时间管理、知识产权保护等多个层面,旨在通过科技创新驱动公司发展,保持技术领先地位,为公司创造持续增长的动力。

■ 概括起来,战略管理具有以下四个特征:

● 系统性

战略管理包括三大阶段:战略设计、战略实施、战略评估。三个阶段相辅相成、融为一体。其中,战略设计是战略实施的基础,战略实施又是战略评估的依据,而战略评估又为战略设计和战略实施提供经验和教训。

● 稳定性

在时间上,战略有一定的超前性,但是在实际管理过程中,战略必须保持稳定性,不能朝令夕改,否则会使公司的经营和管理发生混乱,带来不必要的损失。

● 艺术性

有的战略设计非常好,然而由于人际关系协调不周,战略实施环节大打折扣,最终虎头蛇尾。这就要求管理者协调好人际关系,使其操作更具艺术性。

● 科学性

一家公司的实力再强,它的资源也是有限的,这就要求管理者在制定战略、实施战略的时候,从科学准确的角度提出行动方案,并严格监督落实。

掌控外因的"三大战略思维"

在公司的发展过程中,外部环境的变化常常不可预测,有时候甚至需要面对致命的挑战。然而,真正成功的公司并不是消极等待,而是主动应对,用强有力的战略思维来掌控外部因素。定好战略、做好规划,就是公司在不确定的市场环境中赢得先机的关键。

战略是公司前行的"方向盘",外部环境再复杂,也要把握住自己的方向。

● 预测趋势,赢在布局——阿里巴巴的"新零售战略"

阿里巴巴便是预测市场趋势并提早布局的典型代表。马云在提出"新零售"概念时,就不仅仅是为了做线上电商,更是希望通过线上和线下深度融合,打造出一个全渠道的零售生态系统。阿里巴巴意识到,未来消费者的购物需求将不再局限于单一场景,而是多场景无缝衔接的体验。

因此,阿里巴巴采取了"新零售战略",通过投资盒马鲜生、银泰商业等,建立起一个完整的线上、线下融合的零售生态系统。这种提前布局的战略,使阿里巴巴在新零售市场上占据了先发优势。当其他竞争对手还在考虑如何应对电商冲击时,阿里巴巴已经完成了从线上到线下的全面布局,覆盖了消费者的各类购物场景。

在数字化浪潮席卷的今天，准确预测行业趋势已成为公司战略规划中不可或缺的一环。成功的战略思维不仅在于着眼当下，更在于赢在未来，通过前瞻性的布局与筹备，确保公司在市场变革的风口浪尖上能够抢占先机，占据有利地位。这要求公司不仅要深刻理解技术进步的轨迹，还要敏锐发现消费者需求的变化，从而在激烈的市场竞争中脱颖而出、稳健前行。

● **主动创新，颠覆现状——宁德时代的"电池创新战略"**

宁德时代通过"电池创新战略"，不仅改变了自身的定位，还颠覆了整个新能源电池行业的传统格局。早在多数公司还在聚焦传统电池技术的时候，宁德时代就敏锐地发现新能源汽车市场的崛起趋势，率先投入动力电池的研发和生产。

宁德时代不仅在技术研发方面持续加码，还通过与上游原材料供应商和下游电动车厂的合作，形成了新能源电池的全产业链布局。正因为这种主动创新的战略思维，宁德时代迅速成长为全球最大的动力电池供应商之一，成为行业的领军者。

在公司的长远发展征途中，主动创新与颠覆现有市场规则，是把握外部环境变动、赢得竞争优势的关键所在。创新绝非应对变化的被动之举，而是一种积极进攻的战略姿态。唯有勇于挑战现状、敢于颠覆既定框架，公司才能在激烈的市场竞争中脱颖而出，真正掌握未来发展的主动权，引领行业潮流，实现可持续的辉煌成就。

● 灵活调整，应对变化——美的的"数字化转型战略"

美的集团通过推行"数字化转型战略"，实现了组织结构和管理方式的深刻变革，使公司能够快速适应市场的变化。

美的通过全面推进数字化，将供应链、生产线和销售渠道连接在一起，实现了高效的资源调度和生产管理。在这个模式下，员工可以通过数字化系统获取市场的实时信息，并根据变化快速作出调整。这种灵活调整的战略，使美的在面对外部市场的波动时，能够及时响应客户需求，保持公司的活力和创新力。

在家电行业竞争日益激烈的背景下，美的通过数字化赋能，迅速推行了智能家居解决方案。用户可以通过美的的智能平台控制家中的家电设备，实现个性化定制。这种灵活应对市场变化的方式，使美的在激烈的市场中依然保持竞争力。

外部环境的瞬息万变是公司运营中不可避免的现实，为了在这种充满不确定性的环境中生存、发展，公司必须培养出灵活而敏锐的战略思维。面对外部环境的不确定性和挑战，公司需展现高度的适应性和敏捷性，灵活调整策略，快速响应市场变化，从而在动荡中捕捉机遇，转危为安，确保自身在激烈的商业竞争中立于不败之地。

修炼内在实力的"六大战略思维"

在公司的发展过程中，定好战略是公司能够基业长青的关键。然而，仅仅有一个目标远远不够，公司还需要修炼自身的内在实力，用"六大战略思维"为自己的未来铺路。每一种战略思维都能帮助公司在变化莫测的市场中找到立足点,实现公司稳步发展和持续创新。

修炼内在实力的"六大战略思维"如下:

● 强化思维与领导力

公司要强化大脑,即提高管理层的认知与决策能力。这要求领导者具备坚定的信念和远见,并能带领团队不断学习,适应新技术、新趋势。同时,决策需基于全面信息,集思广益,避免个人独断导致的错误,还需保持冷静、遵守法规,确保决策的科学性和合法性,这是公司稳健发展的基石。

● 构建强健的组织架构

公司要建立健全组织结构和治理机制。这包括明确的产权结构、合理的控制权分配,以及货币资本与人力资本的和谐共存。此外,建立科学的决策流程和有效的集团化管理模式是确保组织高效运作的关键。同时,公司还要平衡各方利益并承担社会责任。干部队伍的建设同样关键,公司需要通过培养干部的使命感、责任感和领导力,来打造一个能攻坚克难的团队。

● 深化客户价值与产品创新

公司应以客户为中心,深化客户关系、提高客户价值。这意味着公司要优化组织模式和业务流程,减少不必要的层级和审批,让一线员工更贴近市场、快速响应客户需求。同时,公司要加大产品创新力度，提供差异化、高附加值的产品，避免打价格战，确保公司有合理的利润空间。

● 增强运营与供应链韧性

构建高效的运营体系和供应链，是公司抵抗外部冲击的重要手段。通过信息化、数字化手段提高运营效率和供应链灵活性，降低成本，保证产品质量和交付速度，是公司实现控制成本的关键因素。

● 激发组织活力与人才潜能

公司文化和人才机制是组织的"心肺"，关乎公司的生命力和活力。公司应通过践行企业价值观来提高团队凝聚力，同时，建立激励与竞争并存的人才机制，持续激发人才的创造力和潜能，确保组织保持活力。

● 优化资金管理与要素效能

最后，公司要精打细算，确保现金流稳定，同时提高各类要素的使用效率。在经济波动期，保持充足的现金流至关重要；同时，合理规划投资，提升人才、技术、品牌等要素的投入产出比，是公司持续发展的保障。

关键战略，领导要敢于拍板

在公司的成长过程中，关键战略的制定与实施往往决定了公司能否在激烈的市场竞争中取得优势。而在这个过程中，领导者的果

第八章
定好战略，做好长远规划

断决策显得尤为重要。领导要敢于拍板、敢于在关键时刻作出决策，这不仅关乎公司的未来方向，更影响整个团队的士气与行动力。一个好的战略需要坚决执行，一个好的领导要敢于在关键时刻作出正确的选择。

● 勇于砍掉冗余产品线

乔布斯在20世纪80年代重返苹果时，面临着公司即将破产的困境。此时的苹果有几十款产品，每款产品都没有清晰的市场定位，导致资源分散、业绩惨淡。乔布斯果断地拍板，砍掉了大部分产品线，只留下几个核心产品，并集中资源进行精雕细琢。

这一关键的战略决策让苹果重新找回了自己的市场定位，最终推出了革命性的iMac、iPad、iPhone等产品，彻底扭转了公司的命运。这种敢于取舍的决策不仅是乔布斯的远见卓识，也是他敢于拍板、敢于承担风险的体现。乔布斯用实际行动证明了，关键时刻的果断决策可以让一家公司重获新生。

乔布斯在苹果危难之际，勇于砍掉冗余产品线、集中资源打造核心产品，最终推出革命性产品，成功引领苹果走出低谷。这体现了领导者敢于取舍、勇于拍板的重要性，也证明了在关键时刻，正确的决策能为公司带来无限可能，是公司重整旗鼓、再创辉煌的必要条件。

● 果断分割，是公司双线成长的起点

2003年，马云创立了淘宝，致力于打造一个B2C和C2C的综合电商平台。随着业务不断扩展，马云发现要同时满足中

小卖家和品牌商的需求变得越来越困难。因此，在2011年，马云拍板决定将淘宝分为两个独立的部分——淘宝和天猫，分别服务于不同类型的用户。

这一决定在当时面临着很大的争议，因为很多人担心将平台分离会影响公司的整体业务。然而，马云果断拍板，最终证明了这个决策是正确的。通过平台分离，淘宝可以继续保持对中小卖家的支持，而天猫则能够吸引更多大品牌的入驻。这一战略让阿里巴巴在电商市场中占据了双重优势，进一步巩固了其行业地位。

马云面对淘宝业务扩展的挑战，不畏争议，果断将平台一分为二，创立淘宝与天猫，分别精准定位中小卖家与品牌商需求。这一战略调整不仅有效解决了用户需求多元化的难题，还使阿里巴巴在电商领域实现了双重布局，进一步强化了其市场领导地位。

● 勇于放弃传统优势

2014年，萨提亚·纳德拉接任微软CEO时，公司正处于困境中，传统的软件销售模式不再具备竞争力。此时，纳德拉作出了一个极具风险的战略决策——全面向云计算转型，将公司的重点从传统软件销售转向云服务。这一战略决定得到了微软高层的全力支持，但也意味着微软必须放弃部分传统的业务优势，转向一个当时尚未完全成熟的领域。

纳德拉的果断拍板使微软在云计算领域实现了逆袭，Azure逐渐成为全球最有竞争力的云服务之一。这一决策帮助微软成功扭转了业绩颓势，并再次站在了科技行业的前沿。通过敢于作出具有前瞻性的战略决策，纳德拉让微软实现了转型升级，也为公司的持续发展奠定了基础。

公司在面临转型挑战时，领导者的前瞻视野与果断决策至关重要。纳德拉接任微软 CEO 后，勇于放弃传统优势，全面向云计算转型，这一战略决策虽具风险，却成功引领微软逆袭，使 Azure 成为全球领先云服务。它启示我们，面对变革，公司应敢于突破、勇于拍板，以前瞻性决策推动转型升级，方能在激烈的市场竞争中赢得先机，实现公司持续发展。

● 在关键时刻作出艰难的决定

特斯拉在电动车领域的成功，离不开埃隆·马斯克的大胆拍板。特斯拉在发展初期，面临着电池供应紧缺的问题，而电池又是电动车的核心部件。马斯克果断拍板，决定建立全球最大的电池生产工厂——"超级工厂"，以实现电池的自给自足。这一战略决策在当时受到了很多质疑，因为投资巨大且风险高。

然而，马斯克坚持拍板推进项目，最终特斯拉的超级工厂顺利建成，不仅降低了生产成本，还提高了电池的供应稳定性。这一决策使特斯拉在成本和供应链上拥有了独特的优势，也推动了电动车的普及与发展。领导者敢于在关键时刻作出艰难的决定，才能为公司赢得竞争的先机。

在关键时刻，一位优秀的领导者应展现出敢于拍板的非凡勇气和坚定决心。面对复杂多变的局势，他们需要深思熟虑、敢于承担风险，通过作出艰难而正确的决策，为公司开辟出一条独特的发展道路。这样的决策不仅能够为公司创造显著的优势，更能在激烈的市场竞争中赢得宝贵的先机，进而推动整个行业的持续发展与进步。

● **敢于尝试未被验证的方向**

丰田汽车在1990年决定推出混合动力车型"普锐斯"，这一战略决策在当时面临巨大的市场风险，因为混合动力技术尚未成熟，消费者的接受程度也无法预测。但丰田的领导层敢于拍板，决定全力投入混合动力技术的研发和市场推广。

经过多年的技术攻关和市场推广，普锐斯最终取得了成功，成为世界上最畅销的混合动力车型之一。丰田的这一决策让其在环保汽车领域占据了先机，也树立了绿色汽车的领导地位。领导者敢于拍板，不仅推动了公司的发展，也为整个行业的技术变革作出了贡献。

敢于尝试未被广泛验证的新方向，是公司抢占市场先机、获得竞争优势的关键。在这个过程中，领导者的勇气起到了决定性的作用，它不仅代表了对公司自身能力的自信，也是面对未知挑战时不退缩、勇于探索的精神体现。正是这种勇气，构成了公司独特的竞争力，使公司在激烈的市场竞争中能够脱颖而出，引领行业潮流，实现持续稳健的发展。

时刻洞悉行业格局，拓宽发展眼界

在商业领域中，短视往往是失败的根源。一家公司的成功从来不是短期利益的累积，而是长远规划的不断实现。无论是百年公司，还是迅速崛起的新兴公司，他们都有一个共同点：能不断观察、适应，甚至引领行业的变化。他们了解市场，不断调整自己的航向，正如一位航海者，不断根据海浪和风向调整自己的船帆，最终到达理想的彼岸。

● 洞悉行业格局，成为领航者

曾经有人说："市场如棋盘，公司如棋子。"要在这盘大棋中赢得一席之地，你需要对行业有深刻的理解，才能在关键时刻作出正确的决策。一个成功的企业家不仅要关心公司的盈利和成本，还要关心这个行业的整体格局，以及自己在其中的位置。

以柯达与富士在胶片相机向数码相机转型的历程为例。柯达曾是胶片时代的绝对王者，然而，随着数字技术的兴起，柯达未能及时洞察市场趋势，依然坚守胶片业务，导致其在数码相机市场的竞争中迅速衰落；相反，富士虽然同样起源于胶片，却敏锐地发现了数码时代的机遇，及时调整战略，不仅在数码相机领域站稳脚跟，还成功转型其他影像相关业务，展现了强大的适应力和生命力。

这一案例清晰地表明，只有不断洞悉行业格局，及时调整方向，才能让公司在激烈的市场竞争中立于不败之地。

● 规划长远目标，不局限于短期收益

不少公司在市场上初露锋芒时，往往面临着一个难题：是快速收割短期利润，还是投入更多资源追求长期发展？美国知名零售商巨头亚马逊给我们上了生动的一课。

> 在亚马逊刚刚创立的时候，它面临着许多投资人的质疑——为什么不专注于实现盈利，而是不断进行技术研发和拓展业务？贝佐斯的回答是："我们不是在追逐短期的盈利，而是在打造未来的王国。"

事实证明，亚马逊的坚持是正确的。从最初的网上书店，亚马逊成长为全球最大的电子商务平台，并涉足云计算、物流、视频等多个领域。它的成功很大程度上依赖于贝佐斯对行业格局的敏锐洞察，及其坚定不移的长远规划。这样的公司不是只想着赚钱，而是想着如何改变行业、如何创造新的商业模式。

● 抓住窗口期，做到未雨绸缪

每一个行业都有它的窗口期，这就好像一扇短暂开启后就会关闭的门，企业家要做的就是在这扇门开着的时候毫不犹豫地冲进去。

> 滴滴的成功并不是因为它推出了网约车服务，而是因为它在合适的时间点抓住了中国打车难的痛点。2012年，智能手机普及和移动支付的崛起为网约车行业的发展提供了良好的土壤，滴

滴的创始人程维看准了这一窗口期,迅速投入并抢占市场。几年后,滴滴已经从一个小众服务发展成为全国性的出行巨头。

"风口来了,猪都能飞起来。"这句略显调侃的话背后,其实道出了抓住时机的重要性。企业家要想成功,就必须不断观察市场、时刻关注行业动态,只有这样,才能在机会出现时做好准备,迅速行动。

● 敢于跳出舒适圈,扩展行业边界

长期规划不仅仅是要守住原有的领地,还意味着要跳出舒适圈,勇敢地探索新的领域。看看近年来一些公司的成功扩展,你会发现他们都在某个关键时刻决定"跨界"。

> 华为最初以通信设备供应商的身份进入市场,迅速成为全球领先的通信设备制造商。华为并未满足于通信设备领域的成功,而是不断向智能手机、云计算、人工智能等领域拓展。它推出了多款备受欢迎的智能手机,并在5G、物联网等前沿技术领域取得了显著成就。华为的成功转型,不仅展示了公司在面对行业变革时的灵活应变能力,还体现了其在技术研发和市场推广方面的卓越能力。

跨界并不是容易的,失败的风险很大,但华为这样的公司愿意冒险,是因为它们看到了未来行业的潜力,而不是仅仅满足于当前的成就。

● 跳跃的思维,学习的心态

"活到老,学到老"不仅是生活哲学,还是企业家的生存法则。在商业领域中,没有永远的赢家,只有不断学习和适应的胜者。看看

那些因为行业格局改变而消失的公司，它们失败的原因大多是因为止步不前，失去了持续学习的心态。

> 柯达公司在胶卷时代一度占据了绝对的市场份额，但在数码摄影兴起时，柯达并没有及时学习和转型，最终错过了发展的机会。相反，索尼在数码相机领域早早地布局，并不断学习新技术，最终在新一轮的竞争中占据了有利位置。

学习的心态不仅让公司在面临技术变革时可以迅速适应，也能帮助公司发现新的机会。无论是从竞争对手那里学到的技术，还是从自身失败中总结的经验，都能成为公司继续前行的重要动力。

● 借鉴成功经验，从他人错误中学到教训

"聪明的人从自己的错误中学习，而睿智的人从他人的错误中学习。"在成长之路上，公司难免会遇到各种挑战和挫折，真正聪明的企业家会善于从别人的成功和失败中汲取经验。

> 雷军曾在创办小米时提出了"站在巨人的肩膀上"，他的意思是充分借鉴苹果和三星在手机行业的成功经验，同时结合本土市场的需求，走出一条属于小米的独特道路。小米的成功很大程度上在于它能够灵活地吸取已有的经验，并在此基础上进行创新。

从别人的经验中学习，汲取成功与失败的教训，可以使公司在面对未知挑战和新兴市场时，拥有更为清晰的方向和策略布局，从而有效规避潜在风险，减少摸索过程中可能遇到的弯路和挫折。这种学习不仅限于技术层面的知识积累，还包括对市场趋势的敏锐洞

察、对消费者需求的深刻理解，以及对公司运营管理的精准把控。通过借鉴他人的成功案例，避免重蹈覆辙，公司能够更加稳健地制定发展规划、优化资源配置、加速技术创新和产品迭代，最终实现公司的可持续发展。因此，积极从外部经验中吸取教训，是提高公司竞争力、确保公司成功发展的重要途径。

● **拓宽发展眼界，不局限于眼前的行业**

有时候，看到更大的市场和更广阔的发展空间，需要我们有意识地拓宽眼界，不局限于眼前的小利。

> 谷歌最初只是一个搜索引擎，但后来逐步扩展到安卓系统、无人驾驶、智能家居等多个领域，这些战略决策背后都有一个共同的逻辑：未来属于那些能够不断拓宽边界的公司。
>
> 谷歌创始人拉里·佩奇曾说："我们并不满足只解决搜索的问题，我们要解决整个世界的信息组织和普及。"这样的眼界让谷歌在多个行业都成为领头羊。

持续拓宽业务边界、勇于探索未知领域，已成为现代公司在日益激烈且快速变化的市场环境中保持强劲竞争力、引领行业创新发展的关键策略。公司若仅满足于现状、故步自封，将很快被市场淘汰。唯有不断挑战自我、积极寻求新的增长点、勇于涉足未开发的领域，公司才能不断焕发新的活力，抓住市场先机，最终在竞争中脱颖而出，成为行业的领航者。

● **长远规划，步步为营**

公司的发展像是一场马拉松，而不是百米冲刺。要赢得这场比赛，你需要不断观察行业格局、适应变化，找到属于自己的节奏。短期的成功固然让人喜悦，但只有长远的战略规划才能让公司在风云变幻的商业领域中屹立不倒。

正如一句话所说："如果你不为未来作规划，那么你就得接受别人为你作的计划。"与其随波逐流，不如主动掌握方向，在激烈的市场竞争中不断洞悉行业的格局，拓展自己的眼界，为公司开创出一片属于自己的天地。